十看不如一讀
(십간불여일독)이요.

열 번 눈으로 보기만 하는 것은 한 번 소리 내어 읽는 것만 못하고

十讀不如一書
(십독불여일서)이다.

열 번 소리 내어 읽는 것은 한 번 정성들여 쓰는 것만 못하다

常携字書勝於師

상휴자서승어사 항상 사전을 소지하고 다니는 것이 스승보다 낫다.

교과서 한자
뜻풀이 | 상권(1~4학년)

발행일 | 2017년 3월 5일 초판 발행
공　저 | 權容璿(권용선) 鄭光漢(정광한) 宋孝根(송효근)
발행인 | 배영순
발행처 | 홍익교육
주　소 | 경기도 광명시 광명로 877 한진상가 B동 309호
본사 문의 | 02) 2060-4011
이메일 문의 | ihanja@ihanja.com
등록번호 | 2010-10호

정가 : 10,000원

- 이 책에 실린 글과 그림의 무단전재나 복제를 금합니다.
- 좋은 책을 만드는 데 협조해 주신 분들께 감사드립니다.

ISBN 979-11-957402-8-4　64710

이 책의 특징

- 초등학교 전 학년 교과서 한자 단어 3,468개 수록(중복은 제외)
- 전 학년(1~6학년) 총 52권 교과서(국어·수학·사회·과학)에 나오는 한자 단어 수록
- 교과서 한자 단어의 한자 1,739자를 가,나,다 순으로 찾아보기
- 교과서 한자 단어는 총 52권 13,029개 한자어(중복 포함)
- 학습의 편의를 위해 상권(1~4학년), 하권(5~6학년)으로 구분
- 상권(1~4학년) : 예)각국(各國) 각각 각, 나라 국 / 따로따로의 세계의 여러 나라(수학 2-2)
- 하권(5~6학년) : 예)감성(感性) 느낄 감, 성질 성 / 느끼는 성질(국어 5-2가)
- 상,하권에 해당되는 한자어가 같이 수록되어 있는 경우에는 중복 수록함
  예) 간식(間食) 사이 간, 먹을 식 / 끼니와 끼니 사이에 먹는 음식
  　　국어1-2가 2-1 2-2 3-1가(상권) 5-1가,나 사회6-2(하권) 과학4-1(상권)

머리말

교과서에 나오는 명사들 중에서 순수 우리말은 적고, 대부분 한자 단어이다. 불행스럽게도 우리 학생들은 단어 한자의 정확한 뜻은 물론, 개개 한자의 훈(訓: 뜻)과 음(音: 소리)조차도 제대로 알지 못하는 경우가 허다하다.

본서는 학생들이 교과서의 한자 단어들의 뜻을 올바르게 이해하고, 효과적으로 활용할 수 있도록 하는 데 그 목적이 있다. 이를 위해 그 한자 단어들이 지니는 훈(訓)과 음(音)을 정확히 파악할 수 있도록 하였고, 더불어 한자 단어의 정확한 뜻을 제시하였다.

교과서 단어의 대부분이 한자어인 이상, 한자 단어를 이해하지 못하면, 책을 읽고도 정확히 이해할 수도 없고 글을 쓸 수도 없다. 또한 대학이 요구하는 논술시험에 대처하기도 어렵다. 나아가 주민 센터에서 쓰는 행정 용어들조차 대부분 한자 단어들이어서 읽지 못해 당황하는 경우도 있다. 초등학교 교과서의 한자 단어들만 알아도 중고등학교와 대학교 서적, 신문, 공문서에 쓰여지는 한자 단어는 거의 망라한다.

우리는 일상생활에서 부지불식간에 한자 단어를 많이 사용하고 있으며, 특히 학교에서는 한자 단어를 매일 읽고 말하고 있다. 이는 모든 학생들이 한자어를 어렵지 않고 쉽게 익힐 수 있는 준비가 이미 충분히 되어 있음을 뜻한다. 국어·수학·사회·과학 교과서에 자주 등장하는 한자어들의 뜻을 정확히 이해하는 학생들이 학업 성적이 뛰어나게 우수하다 것은 현장 선생님들의 공통된 의견이다.

본서를 통해 학교생활에 꼭 필요한 교과서 한자 단어의 뜻을 이해하게 되고, 정확히 익히며, 올바르게 쓰게 될 것이다. 학생들의 큰 성과를 기대하며, 또한 그들에게 감사를 드린다.

弘益敎育 善海 權容璿(권용선)

초등학교 교과서 한자어

통계로 본

(단어=낱말)

	국어	수학	사회	과학	소계	누계 (중복포함)	순수누적 한자어
1학년	308	158	–	–	466		260
2학년	608	289	–	–	897	1,363	298
3학년	730	140	423	290	1,583	2,946	1088
4학년	1,110	250	675	373	2,408	5,354	1768
5학년	1,650	250	1,000	580	3,480	8,834	2805
6학년	1,905	430	1,150	710	4,195	13,029	3,468
계	6,311	1,517	3,248	1,953	13,029	13,029	3,468

- 중복포함 한자어는 총 52개 교과서의 1~6학년의 중복된 한자어(단어=낱말)이고, (단, 한 개의 교과서에서 같은 한자어가 여러 개 중복되어 등재 있어도 한 개만 추출함.)

- 순수 누적 한자어는 중복된 것을 제외한 순수한 누적임.

- 지명(地名), 인명(人名) 등 고유명사(固有名詞)는 제외한 것이 일부 있으며, 약 98%는 정확합니다.

- 초등학교 교과서에는 총 3,468개의 한자어(단어=낱말)가 1,739개 한자(漢字)로 구성되어 있습니다.

- 교과서 한자는 '한국어문회 급수한자'와는 관계가 없습니다.
  8급인 九가 없으며, 특급에도 없는 轆轤(녹로), 長栍(생)이 등재되어 있습니다.

목차

- 머리말 — 03
- 통계로 본 교과서 한자어 — 04
- 목차 — 05
- 교과서한자 뜻풀이 — 07
  - 가 — 08
  - 나 — 31
  - 다 — 34
  - 마 — 43
  - 바 — 49
  - 사 — 61
  - 아 — 82
  - 자 — 107
  - 차 — 129
  - 타 — 139
  - 파 — 143
  - 하 — 148
- 교과서에 나오는 어려운 한자어 — 161
- 두음법칙이 적용되는 한자어 — 165
- 부수의 명칭 — 167
- 찾아보기 — 170

왜! 초등학교 한자어 교육이 필요한가?

- '漢字語'를 익혀야 '교과서 내용'을 제대로 이해할 수 있기 때문이다.
- 한자어를 이해해야 올바르게 글을 쓸 수 있기 때문이다.
- 한자어를 이해하지 못하면 만족스러운 시험 성적을 얻지 못하기 때문이다.
- 초등학교 한자어가 중·고등, 대학 교재, 신문, 공문서에 그대로 사용되고 있기 때문이다.

漢字

교과서 한자 뜻풀이

- 교과서한자(가~하) 뜻풀이
- 교과서에 나오는 어려운 한자어
- 두음법칙이 적용되는 한자어
- 부수의 명칭

번호	단어(한자)	훈(뜻)·음(소리)	뜻풀이·교과서
1	가격(價格)	값 가 격식 격	물건의 값, 값어치 수학2-1 2-2 4-1 6-1 사회4-2 과학3-2
2	가계부(家計簿)	집 가 셀 계 문서 부	집안 살림살이에 쓴 돈을 적은 장부 사회4-2
3	가공(加工)	더할 가 장인 공	자연물에 사람의 힘을 더하여 물건을 만듦 사회3-2
4	가구(家具)	집 가 갖출 구	집안 살림살이에 쓰는 온갖 물건 수학4-2 6-2 과학6-2
5	가능(可能)	옳을 가 능할 능	할 수 있거나 될 수 있음 국어5-1가 5-2나 6-가 수학5-2 6-1 사회4-2 과학3-2 5-2 6-2
6	가로수(街路樹)	거리 가 길 로 나무 수	길거리에 조경과 그늘을 위해 심은 나무 수학6-2 과학4-2
7	가분수(假分數)	거짓 가 나눌 분 셈 수	분수에서 분자가 분모보다 더 큰 수 수학3-2 5-2
8	가상(假想)	거짓 가 생각 상	가정하여 생각함 국어5-2가 6-2가 과학4-1 6-1
9	가열(加熱)	더할 가 더울 열	열을 가함, 온도를 높임 과학4-2 5-1,2 6-2
10	가정(家庭)	집 가 뜰 정	한 가족이 생활하는 집안 국어5-2나 사회3-2 4-2 과학4-1 5-2 6-2
11	가족(家族)	집 가 겨레 족	끼니를 함께하는 식구 국어1-1가,나 1-2가 2-1가,나 2-2가,나 3-1나 3-2나 4-1가,나 5-1가,나 5-2가 6-1가,나 6-2가,나 수학1-2 2-1 2-2 사회3-2 4-2 과학6-2
12	가축(家畜)	집 가 짐승 축	집에서 기르는 짐승 국어6-2나 사회3-1 5-2

번호	단어(한자)	훈(뜻)·음(소리)	뜻풀이·교과서
13	가치(價値)	값 가 둘 치	값, 값어치 국어4-1나 4-2가,나 5-1나 5-2나 6-1나 6-2가,나 사회5-1 6-1,2
14	각국(各國)	각각 각 나라 국	각 나라, 또는 여러 나라 수학2-2
15	각도(角度)	뿔 각 정도 도	각이 벌어진 정도 국어5-2가 수학4-1,2 5-2 6-2 과학6-2
16	각오(覺悟)	깨달을 각 깨달을 오	장래의 일에 대한 마음의 준비 국어3-2나 사회5-2
17	간격(間隔)	사이 간 사이뜰 격	시간적이나 공간적인 틈새 국어4-2가 6-2가 수학2-2 4-2 5-1 6-2 사회5-1 6-1 과학3-2 4-1 5-1,2 6-1,2
18	간결(簡潔)	간략할 간 깨끗할 결	간단하고 깔끔함 국어2-2가 5-1나 6-2나 사회4-2
19	간단(簡單)	간략할 간 홑 단	간략하고 단순함 국어1-2가 2-1가,나 2-2가,나 3-1나 3-2가 4-1가 4-2나 5-2가,나 6-1가 6-2가,나 수학5-2 6-2 사회3-2 4-2 6-2 과학5-2 6-2
20	간사(奸邪)	간사할 간 간사할 사	간교하고 요사스러움 국어3-2나
21	간섭(干涉)	범할 간 건널 섭	남의 일에 부당하게 참견함 국어4-1가 6-1나 6-2가 사회5-1 6-1
22	간식(間食)	사이 간 밥, 먹을 식	끼니와 끼니 사이에 먹는 음식 국어1-2가 2-1나 2-2가 3-1가 5-1가,나 사회6-2 과학4-1
23	간이(簡易)	간략할 간 쉬울 이	간단하고 쉬움 과학3-2 6-1,2
24	간척(干拓)	막을 간 넓힐 척	바다에 둑을 쌓아 땅(육지)을 만듦 국어6-1나 사회4-1 5-1 6-1

번호	단어(한자)	훈(뜻)·음(소리)	뜻풀이·교과서
25	간편(簡便)	간략할 간 편할 편	간단하고 편리함 국어3-1가 사회5-1 6-1
26	간호(看護)	볼 간 도울 호	환자나 노약자를 보살펴 돌봐줌 국어3-1가 4-1나 사회4-2
27	간혹(間或)	사이 간 혹 혹	이따금, 간간히 국어4-1나 5-2나
28	갈등(葛藤)	칡 갈 등나무 등	칡과 등나무가 엉키듯이, 견해나 이해 관계가 뒤엉킨 복잡한 관계 국어6-2가 수학6-1 사회4-1,2 5-1,2 6-1 6-2 과학5-2
29	감기(感氣)	느낄 감 기운 기	호흡기 계통의 염증성 질환 '고뿔' 국어2-2가 3-2나 5-1나 5-2나 6-2나 사회3-2 과학5-1,2
30	감동(感動)	느낄 감 움직일 동	마음이 느끼어 움직임 국어3-1가 3-1나 3-2나 5-1가,나 5-2가 6-1가 6-2가
31	감명(感銘)	느낄 감 새길 명	깊이 느끼어 마음에 새김 국어4-2가 6-2가,나
32	감별(鑑別)	볼 감 다를 별	사물의 참과 그름, 아름다움을 판단함 국어4-1나
33	감사(感謝)	느낄 감 사례할 사	고맙게 여김 국어2-1나 4-1가 4-2나 5-1나 6-1가 수학2-1 사회3-2 4-2
34	감사(監査)	볼 감 조사할 사	감독하고 검사함 사회4-2
35	감상(感想)	느낄 감 생각 상	사물을 보거나 책을 읽고 느낀 생각 국어1-2나 2-1나 2-2나 3-2나 4-1나 4-2가 5-2가 수학2-1 사회5-1 6-1 과학5-1
36	감소(減少)	덜 감 적을 소	줄어서 적어짐 사회4-2

번호	단어(한자)	훈(뜻)·음(소리)	뜻풀이·교과서
37	감시(監視)	볼 감 볼 시	경계하여 살펴봄 국어4-1나 사회6-2
38	감전(感電)	느낄 감 전기 전	전류가 몸에 전해지는 현상 국어2-2가 수학4-2 과학6-2
39	감정(感情)	느낄 감 뜻 정	사물에 느끼어 일어나는 마음의 작용 국어3-2나 5-1가 5-2가,나 6-2가,나
40	감탄(感歎)	느낄 감 칭찬할 탄	감복하고 기뻐하여 소리침 국어3-1나 4-1가 4-2가 5-2나 사회5-2 과학6-2
41	강당(講堂)	강의, 욀 강 집 당	강연이나 행사를 하는 큰 방 국어2-2나 4-2가 5-1가 수학1-1 2-2
42	강력(强力)	강할 강 힘 력	힘이 셈 ※참고 : 强(강)은 強(강)의 俗字(속자). 같이 사용, 强(11획) = 強(12획) 국어5-2나 수학4-2 사회6-2
43	강수량 (降水量)	내릴 강 물 수 헤아릴 량	비가 내린 양 사회3-1 5-1 6-1
44	강렬(强烈)	강할 강 매울 렬	강하고 맹렬함 사회3-2
45	강요(强要)	강할 강 구할 요	강제로 시키거나 무리하게 요구함 국어2-2나
46	강점(强占)	억지로, 강할 강 차지할 점	강제적이고 불법적으로 점령함 국어3-2가
47	강조(强調)	강할 강 고를 조	어떤 부분을 특별히 힘주어 주장함 국어3-1나 4-2가 5-2가 6-1가 6-2가 사회4-2 5-2
48	개교(開校)	열 개 학교 교	학교를 새로 짓고 문을 열고 수업함 사회4-2

가

번호	단어(한자)	훈(뜻)·음(소리)	뜻풀이·교과서
49	개발(開發)	열 개 일으킬 발	개척하여 발전시킴 국어4-2나 5-1나 5-2나 6-1가,나 6-2나 수학6-2 사회4-1,2 5-1 6-1,2 과학4-1,2 6-1,2
50	개선(改善)	고칠 개 좋을 선	잘못된 것을 고치어 좋게 함 국어5-2나 사회4-2 6-2
51	개인(個人)	낱 개 사람 인	사회 구성원으로서 한 사람 국어4-1나 6-2가 사회3-2 5-2 6-2
52	개척(開拓)	열 개 넓힐 척	어떤 분야를 처음 시작하여 그 길을 닦음 국어6-1나 사회4-2 5-2
53	개표(開票)	열 개 표 표	투표함을 열어서 표를 계산함 사회4-1
54	개회(開會)	열 개 모일 회	회의를 시작함 국어4-2나
55	거리(距離)	사이뜰 거 떨어질 리	떨어져 있는 두 곳 사이의 길이 국어6-2가 수학3-1 4-2 5-2 6-1,2 과학4-2 5-1,2 6-1
56	거실(居室)	살 거 방, 집 실	여러 사람이 거처하는 큰 방이나 마루 국어1-1나 4-1가 5-2나 6-2나 수학4-2 사회3-2 4-2
57	거인(巨人)	클 거 사람 인	아주 큰 사람 국어4-2나 6-2가
58	거절(拒絶)	막을 거 끊을 절	받아들이지 않고 물리침 국어2-2가 국어4-2가 사회5-2
59	거중기 (擧重機)	들 거 무거울 중 틀 기	무거운 것을 들어올리는 기계 국어4-2나
60	건강(健康)	굳셀 건 편안 강	몸이 튼튼함 국어1-2가 3-1가,나 3-2가,나 4-1나 4-2가 5-2가,나 6-1나 수학5-2 사회3-2 4-2 5-1 6-1,2 과학5-2 6-2

번호	단어(한자)	훈(뜻)·음(소리)	뜻풀이·교과서
61	건물(建物)	세울 건 물건 물	사람이 살거나 이용하기 위해 지은 집 국어5-2나 6-2가,나 수학1-2 5-2 사회3-1 4-2 6-2 과학5-2 6-2
62	건설(建設)	세울 건 베풀 설	건물이나 시설물을 만들어 세움 국어4-1나 5-2나 6-1나 수학6-1 사회5-1 6-1,2 과학4-2
63	건조(乾燥)	마를 건 마를 조	말라서 물기가 없음 국어5-1나 사회6-2 과학4-2
64	건초(乾草)	마를 건 풀 초	물기가 없이 마른 풀 국어4-1나 과학5-2
65	건축(建築)	세울 건 쌓을 축	건물을 만듦 국어4-2나 5-1나 6-1나 6-2가 수학6-2 사회3-2 5-2 과학3-2 4-2 6-1
66	검사(檢査)	검사할 검 조사할 사	옳고 그름과 사실을 조사하여 판단함 국어4-2가 5-1가 수학4-2 과학6-2
67	검산(檢算)	검사할 검 셈 산	틀린지 맞는지 다시 계산해봄 수학3-2 6-1
68	검색(檢索)	검사할 검 찾을 색	검사하여 찾음 국어3-2가 4-2가 5-2가,나 6-1나 6-2나 사회3-1 4-1 4-2 6-1
69	검진(檢診)	검사할 검 진찰할 진	병의 원인을 검사함 국어4-1나
70	검침(檢針)	검사할 검 바늘 침	전기나 수도, 가스의 사용량을 검사함 수학4-2
71	게시(揭示)	걸 게 보일 시	여러 사람에게 알리기 위하여 걸어둠 국어4-1나
72	게시판(揭示板)	걸 게 보일 시 널 판	여러 사람에게 알리기 위하여 높게 걸어 놓은 판 국어2-2나 3-2가 국어5-1가 5-2가 6-1가 수학1-2

번호	단어(한자)	훈(뜻)·음(소리)	뜻풀이·교과서
73	격려(激勵)	격할 격 힘쓸 려	용기를 북돋우어 힘쓰도록 함 국어4-1나 5-1나 6-2가
74	격차(隔差)	사이뜰 격 어긋날 차	서로 차이가 남 국어4-1나
75	견학(見學)	볼 견 배울 학	실제로 보고 배움 수학3-1 사회3-1 4-1 4-2
76	결과(結果)	맺을 결 결과 과	일의 끝맺음 국어1-2가 2-1가 2-2가,나 3-1가 3-2가 4-1나 4-2가,나 5-2가,나 6-1나 6-2가,나 수학1-2 2-1 3-1,2 4-2 5-2 6-1,2 사회5-2 6-2 과학4-2 5-1,2
77	결국(結局)	맺을 결 판 국	일의 마무리 단계 국어2-1가 3-2가 6-2나 수학4-2 사회5-2
78	결석(缺席)	빠질 결 자리 석	출석하지 않음 국어3-1가 3-2나
79	결승(決勝)	결단할 결 이길 승	마지막 승부. 또는 승부를 결정함 국어6-2가 사회3-2 6-1
80	결심(決心)	결단할 결 마음 심	마음을 굳게 작정함 국어2-1가 3-1나 3-2가 4-1나 5-1가 5-2가,나 6-1가 6-2가,나
81	결연(結緣)	맺을 결 인연 연	인연을 맺음 사회3-2
82	결정(決定)	결단할 결 정할 정	결단을 내려 확정함 국어2-2가 3-2가 4-1가,나 4-2가,나 5-2가,나 6-2가 사회4-2 5-2 6-2 과학5-2
83	결핵(結核)	맺을 결 씨 핵	결핵균에 망울이 생기는 병 국어6-2나 과학4-2
84	결혼(結婚)	맺을 결 혼인할 혼	남녀가 정식으로 부부관계를 맺음 국어1-2가 3-2가 5-2가 사회3-1 3-2 4-2 5-2 6-2

번호	단어(한자)	훈(뜻)·음(소리)	뜻풀이·교과서
85	겸손(謙遜)	겸손할 겸 겸손할 손	남을 높이고 자기를 낮추는 태도 국어2-2가 수학6-2 사회5-2
86	경건(敬虔)	공경할 경 공경할 건	공경하며 삼가고 엄숙함 국어5-2가 사회3-2
87	경계(境界)	지경 경 지경 계	지역이 갈라지는 한계 국어3-2가 4-2가 6-2가 수학5-2 6-1 사회5-1 6-1,2
88	경고(警告)	경계할 경 알릴 고	조심하라고 알림 국어3-1가 5-2가
89	경기(競技)	다툴 경 재주 기	배운 기능이나 재주를 이기려고 다툼 국어1-2가,나 2-1가 2-2가,나 6-1나 수학1-2 4-2 5-2 6-1,2 사회3-2 4-2 과학5-2
90	경례(敬禮)	공경할 경 예도 례	공경의 뜻을 나타내기 위하여 인사하는 일 국어4-2가
91	경사(傾斜)	기울 경 비낄 사	비스듬히 기울어짐 수학2-2 사회4-2
92	경우(境遇)	지경 경 만날 우	놓이게 된 환경이나 처지 국어2-2나 3-1가 3-2가 4-1가 4-2가,나 5-1가 5-2가 6-1나 6-2가 수학1-1 2-2 3-2 4-2 5-1,2 6-1,2 사회3-2 6-2 과학3-1 3-2 4-2 5-2 6-2
93	경유(輕油)	가벼울 경 기름 유	원유를 분류할 때 나오는 기름 과학3-1 6-2
94	경쟁(競爭)	다툴 경 다툴 쟁	서로 이기려고 다툼 국어4-2나 6-1가 사회5-1,2 6-1,2 과학3-2 6-1
95	경적(警笛)	경계할 경 피리 적	위험을 알리는 소리 수학2-1
96	경제(經濟)	다스릴 경 구제할 제	필요한 물건을 만들고 소비하는 사회적 활동 관계 국어4-1가,나 5-2가 6-1나 6-2나 사회4-2 5-1,2 6-1,2 과학5-2

번호	단어(한자)	훈(뜻)·음(소리)	뜻풀이·교과서
97	경찰(警察)	경계할 경 살필 찰	공공질서 유지를 담당하는 국가기관 국어3-1가 4-2가 6-2나 수학1-2 사회4-1,2
98	경험(經驗)	지날, 길 경 시험할 험	직접 겪어보거나 그로 인해 얻은 지식 국어1-1가,나 1-2가 2-1가,나 2-2가,나 3-1가,나 3-2가,나 4-1가,나 4-2가,나 5-1가,나 5-2가,나 6-1가,나 6-2가,나 수학5-2 사회3-2 4-2 5-1 6-1,2 과학4-2 6-2
99	계곡(溪谷)	시내 계 골 곡	물이 흐르는 골짜기 수학4-2 과학4-2
100	계단(階段)	섬돌 계 층계 단	순서대로 밟고 올라가는 층층대 국어2-2가,나 3-1가 4-2가 5-2나 수학1-2 5-1 사회4-1 6-2
101	계란(鷄卵)	닭 계 알 란	달걀 국어2-2가
102	계산(計算)	셀 계 셈 산	셈을 함 국어3-2가 5-1가 5-2가 6-2나 수학1-2 2-1,2 3-1,2 4-1,2 5-1,2 6-1,2 사회4-2 6-2 과학3-2 5-2 6-2
103	계속(繼續)	이을 계 이을 속	끊이지 않고 이어짐 국어1-2나 2-1가 2-1나 2-2가 3-2가,나 4-1나 4-2가 5-2가,나 6-1가 6-2가 사회4-2 5-2 6-2 과학5-2 6-1,2
104	계승(繼承)	이을 계 이을 승	조상이나 선임자의 것을 이어받음 국어4-2나 사회5-1,2 6-1,2
105	계절(季節)	계절, 철 계 때, 계절 절	봄, 여름, 가을, 겨울로 나눈 시절 국어1-2나 6-2나 수학2-1 4-2 사회3-2 4-1 5-1,2 6-1 과학5-1,2 6-1,2
106	계통(系統)	이어맬 계 거느릴 통	일정한 체계로 연결된 조직 국어4-1가
107	계획(計劃)	셀 계 그을 획	앞으로 해야 할 일을 미리 짜서 정함 국어3-1가 3-2가 4-1나 4-2가,나 5-2가 6-1가,나 6-2가,나 수학2-2 5-1 6-1 사회3-1 4-1 4-2 6-2 과학3-1,2 4-2 5-1,2 6-1
108	고랭지 (高冷地)	높을 고 찰 랭 땅 지	지대가 높아 기온이 낮은 땅 사회4-1

번호	단어(한자)	훈(뜻)·음(소리)	뜻풀이·교과서
109	고려(考慮)	생각할 고 생각할 려	생각하여 헤아림 국어3-1나 3-2나 4-1나 4-2가 5-1가,나 5-2나 6-1가,나 6-2가,나 수학6-2 사회3-2 4-1 5-1,2 6-1 과학5-1 6-1,2
110	고령(高齡)	높을 고 나이 령	나이가 많음 국어5-2가 사회4-1,2
111	고모(姑母)	고모 고 어미 모	아버지의 누나나 여동생 사회4-2
112	고목(枯木)	마를 고 나무 목	말라서 죽어버린 나무 국어4-2가
113	고민(苦悶)	괴로울 고 번민할 민	속을 태우며 안타까워 함 국어2-2나 3-1나 3-2가 4-1나 4-2가 5-1가 5-2가,나 6-1가 6-2가,나 수학2-1 2-2 5-1 6-1,2 사회4-2 5-2 과학6-1
114	고생(苦生)	괴로울 고 살 생	괴롭고 힘드는 생활 국어4-2나 5-1가,나 5-2나 6-1나 6-2가,나 과학6-2
115	고열(高熱)	높을 고 더울 열	평균 온도보다 높음 국어5-2가 수학4-2
116	고용(雇用)	품팔이 고 쓸 용	돈이나 물건을 주고 사람을 부림 사회4-2 6-2
117	고유(固有)	굳을 고 있을 유	본래부터 있거나 그 사물에만 특별히 있음 국어3-1나 4-2가,나 5-1가 수학5-1 사회3-2 6-2 과학4-2
118	고장(故障)	사유 고 막을 장	기계나 설비 따위에 이상이 생김 국어2-2나 3-2가 4-2가 수학6-2 사회6-2
119	고정(固定)	굳을 고 정할 정	움직이지 않고 한곳에 붙박혀 있음 국어6-2나 수학4-2 6-2 사회4-2 과학4-1,2 6-1,2
120	고체(固體)	굳을 고 몸 체	일정한 모양과 부피가 있으며 쉽게 변형되지 않는 물질의 상태. 나무, 돌, 쇠, 얼음따위 과학3-1 4-2 5-1 6-2

번호	단어(한자)	훈(뜻)·음(소리)	뜻풀이·교과서
121	고층(高層)	높을 고 층 층	여러 겹으로 된 높은 층 국어2-2가
122	고통(苦痛)	괴로울 고 아플 통	괴로움과 아픔 국어3-2가 5-2나 6-2가,나 사회6-2 과학6-1
123	고학생(苦學生)	괴로울 고 배울 학 서생 생	돈을 벌어 가면서 어려운 환경에서 공부하는 사람 국어3-2나
124	고향(故鄕)	예 고 시골 향	자기가 태어나서 자란 곳 국어4-2가 5-2가,나 6-2가 사회4-2 5-1 6-1
125	곡선(曲線)	굽을 곡 줄 선	구불구불 굽은 선 국어5-2가 사회3-2
126	곡식(穀食)	곡식 곡 밥 식	양식이 되는 쌀, 보리, 밀, 콩 등 국어3-1나 4-1나 6-2나 수학2-2 6-1 사회4-1 5-2 6-2 과학6-2
127	곤란(困難)	곤할 곤 어려울 란	사정이 몹시 딱하고 어려움 국어2-2나 4-2나 5-1가 5-2나
128	곤충(昆蟲)	곤충 곤 벌레 충	벌, 나비, 풍뎅이 따위의 벌레 국어4-1가 4-2나 5-1가 6-1나 수학2-2 과학3-1 과학3-2 6-1
129	공간(空間)	빌 공 사이 간	아무것도 없는 빈 곳 국어5-2가,나 6-1나 6-2가,나 수학5-2 사회3-2 4-1,2 5-1 6-1 과학3-2 4-2 6-1
130	공감(共感)	함께 공 느낄 감	남의 의견에 그렇다고 뜻을 같이함 국어4-1나 5-2가
131	공개(公開)	공평할 공 열 개	모든 사람이 알 수 있게 열어 둠 국어6-2나 사회4-2
132	공격(攻擊)	칠 공 칠 격	쳐들어 감 국어3-1나 5-2가,나 6-2나 사회5-2

번호	단어(한자)	훈(뜻)·음(소리)	뜻풀이·교과서
133	공경(恭敬)	공손할 공 공경할 경	윗사람을 공손하게 받듦 국어3-1가 6-2가 사회5-2
134	공공(公共)	공평할 공 함께 공	일반이나 공중에 관계되는 것 사회3-2 4-1,2
135	공급(供給)	이바지할 공 줄 급	필요한 물품을 제공함 국어4-1나 4-2가 수학6-2 사회6-2 과학4-1,2 5-2 6-2
136	공기(空氣)	하늘, 빌 공 공기 기	지구를 싸고 있는 기체, 대기 국어1-2나 3-1나 6-1나 수학5-1,2 사회4-2 과학3-1,2 4-2 5-1,2 6-1,2
137	공동(共同)	함께 공 같을 동	둘 이상이 일을 같이함 국어6-2가,나 사회4-2 6-2
138	공룡(恐龍)	두려울 공 용 룡	중생대에 살았던 거대한 파충류, 현재는 화석으로만 발견 국어6-1나 과학3-2
139	공무원 (公務員)	공평할 공 일 무 인원 원	국가나 공공단체에서 일을 하는 사람들 사회4-2 6-2
140	공법(工法)	장인 공 법 법	건축물, 시설 등을 세우는(만드는) 방법 국어4-2나
141	공부(工夫)	잘할 공 선생 부	학문이나 기예를 배우고 익힘 국어1-1가,나 1-2나 2-1가,나 2-2가,나 3-2나 6-2가 수학1-1 사회6-2
142	공사(工事)	장인 공 일 사	건축이나 토목 등의 일을 함 국어4-2나 사회4-2
143	공손(恭遜)	공손할 공 공손할 손	남에게 예의 바르고 겸손함 국어1-2가 4-2가,나 5-2나 사회6-2
144	공식(公式)	공평할 공 법 식	공적으로 규정한 형식 수학4-2

번호	단어(한자)	훈(뜻)·음(소리)	뜻풀이·교과서
145	공약(公約)	공평할 공 맺을 약	사회 공중(여러 사람)에 대한 약속 사회4-1
146	공업(工業)	장인 공 업 업	새로운 물품을 만드는 일 사회4-1,2 5-1 6-1,2
147	공연(公演)	공평할 공 연기할 연	여러 사람 앞에서 재주·재능을 펴 보임 국어2-2나 4-2나 5-2가 6-1가 6-2가 수학2-1 사회4-2 6-2 과학3-2 4-2
148	공영(公營)	공평할 공 경영할 영	공공(국가)기관에서 운영함 사회4-1
149	공원(公園)	공평할 공 동산 원	여러 사람이 휴식할 수 있는 넓은 정원 국어1-2가,나 2-1가,나 2-2나 3-2나 4-1나 4-2가 5-1가 6-1나 6-2가 수학1-1,2 2-2 3-2 6-1 사회3-1,2 4-1,2 5-1,2 6-1 과학5-2 6-1
150	공유(共有)	함께 공 있을 유	함께 소유함, 함께 가지고 있음 국어4-1나 사회6-2
151	공익(公益)	공평할 공 더할 익	여러 사람에게 이익이 됨 국어4-1나 5-2나 사회5-1 6-1
152	공장(工場)	장인 공 마당 장	물건을 만드는 곳 국어5-2나 사회3-2 4-1 4-2 과학5-1
153	공주(公主)	존칭 공 임금 주	임금의 딸 국어1-2가 3-2가
154	공책(空冊)	빌 공 책 책	아무것도 써 있지 않은 백지 책, 노트 국어2-2가 3-1가 3-2가 5-2가 6-1가 6-2나 사회4-2 과학4-2
155	공청회(公聽會)	공평할 공 들을 청 모일 회	많은 사람들에게 의견을 듣는 공개적인 회의 사회4-2
156	공통(共通)	한가지 공 통할 통	여러 곳에 두루 통함 국어4-1가 5-2나 6-1가 수학2-2 3-2 4-2 5-1 6-2 사회3-2 5-1 6-1 과학3-1 3-2 4-2 5-2 6-2

번호	단어(한자)	훈(뜻)·음(소리)	뜻풀이·교과서
157	공평(公平)	공평할 공 평평할 평	어느 한쪽에 치우치지 않고 공정함 국어4-1나 5-1가 수학3-1 사회5-2
158	공학(工學)	장인 공 배울 학	공업의 이론·기술·생산을 체계적으로 연구하는 학문 사회4-2
159	공항(空港)	하늘 공 항구 항	비행기가 뜨고 내리게 시설이 된 곳 국어5-2가 사회3-1 5-1 6-1 과학4-2
160	과거(科擧)	과거 과 들 거	고려·조선 때 벼슬아치를 뽑던 시험 국어3-2나 6-2가
161	과거(過去)	지날 과 갈 거	지나간 때 국어4-1가 6-2가 사회6-2
162	과목(科目)	과목 과 조목 목	학문의 구분, 교과를 구성하는 단위 국어4-2나 6-2가
163	과반(過半)	지날 과 반 반	전체 인원이나 수치에서 반(1/2)을 넘음 사회4-2
164	과수(果樹)	열매 과 나무 수	과일(사과, 배, 밤, 대추 등)이 열리는 나무 국어4-2가
165	과자(菓子)	과자 과 접미사 자	쌀가루, 밀가루에 꿀, 설탕을 묻힌 간식 국어3-1나 4-2가 6-2나 수학2-1 4-2 사회4-2
166	과정(過程)	지날 과 길, 한도 정	일이 되어 가는 경로 국어2-1나 2-2나 3-1나 3-2가 4-1가 4-2가,나 5-1나 5-2가, 나 6-1가,나 6-2가,나수학1-2 3-1 4-2 5-1,2 사회3-2 4-1 4-2 5-1,2 6-1,2 과학3-2 4-1 5-2 6-1,2
167	과태료 (過怠料)	허물, 잘못 과 게으를 태 헤아릴 료	어떤 것을 위반한 사람에게 매기는 벌금 사회4-1
168	과학(科學)	과목 과 배울 학	어떤 것을 객관적 통계와 계통적으로 연구하는 학문 국어1-1가 2-2가 5-2나 6-1나 6-2나 수학3-2 5-1 사회5-2 6-2 과학3-1

번호	단어(한자)	훈(뜻)·음(소리)	뜻풀이·교과서
169	관객(觀客)	볼 관 손 객	연극이나 영화, 공연을 관람하는 사람 과학3-2
170	관계(關係)	관계할 관 맬 계	사물이나 현상 등이 서로 맺어지는 연관 국어2-2가,나 3-1가 4-2가 5-1나 6-1나 6-2가,나 수학2-1,2 4-2 5-1,2 6-2 사회5-2 6-2 과학5-1 6-1,2
171	관광(觀光)	볼 관 빛, 경치 광	다른 곳의 풍물이나 풍속을 구경함 국어6-2나 사회3-1 4-1 5-1 6-1,2
172	관념(觀念)	볼 관 생각 념	어떤 일에 대한 견해나 생각 국어6-2나 사회4-2 과학4-1
173	관련(關聯)	관계할 관 잇닿을 련	내용적으로 서로 이어져 있음 국어1-1나 2-1나 3-1나 3-2가,나 4-1나 4-2나 5-1나 5-2가,나 6-1나 6-2가,나 수학6-2 사회4-2 6-2 과학4-2 5-2 6-1,2
174	관리(管理)	주관할 관 다스릴 리	설비의 보존이나 개량을 맡아 함 국어2-2나 4-1나 6-2가 수학4-2 사회4-1 4-2 6-2
175	관심(關心)	관계할 관 마음 심	마음이 끌리며 주의를 기울임 국어2-2나 3-2나 4-1나 4-2가 5-1나 5-2나 6-1가,나 6-2가,나 사회5-2 6-2 과학3-2 4-2 5-2
176	관찰(觀察)	볼 관 살필 찰	사물의 동태나 형태를 주의 깊게 살펴봄 국어3-2나 4-2가 5-1가 수학2-1 4-2 5-1 6-2 사회6-2 과학3-1,2 4-1,2 5-1,2 6-1,2
177	관측(觀測)	볼 관 헤아릴 측	사물의 변화를 관찰하여 측정함 과학4-2 6-2
178	괄호(括弧)	묶을 괄 활 호	활모양의 묶음표 국어6-1가,나 6-2나 수학4-1
179	광고(廣告)	넓을 광 알릴 고	널리 알림 국어3-1나 3-2가 4-1나 5-2나 6-1가,나 수학2-1 사회4-2 5-1 6-1,2 과학6-1
180	광석(鑛石)	쇳돌 광 돌 석	광물을 내포하고 있는 암석 수학6-2 과학4-1

번호	단어(한자)	훈(뜻)·음(소리)	뜻풀이·교과서
181	광선(光線)	빛 광 줄 선	빛살 국어2-2가 6-2나 과학4-2
182	광역(廣域)	넓을 광 지경 역	넓은 지역(땅) 사회4-1
183	광원(光源)	빛 광 근원 원	빛을 내는 근원 과학4-2
184	광장(廣場)	넓을 광 마당 장	넓은 마당 국어3-1가 3-2가 6-1나 사회6-2
185	괴물(怪物)	기이할 괴 물건 물	괴상한 사람이나 동물 국어3-2가
186	굉장(宏壯)	클 굉 장할 장	크고 훌륭함, 아주 대단함 국어4-2나 5-2가
187	교가(校歌)	학교 교 노래 가	학교의 이념을 상징하며 부르는 노래 사회4-2
188	교내(校內)	학교 교 안 내	학교의 안 국어4-2나 과학5-2
189	교대(交代)	서로 교 대신할 대	어떤 일을 여럿이 나누어서 차례에 따라 맡아 함 사회4-2
190	교류(交流)	사귈 교 흐를 류	문화나 사상 등이 서로 오가며 섞임 사회3-2 4-2 5-1,2 6-1,2
191	교목(校木)	학교 교 나무 목	학교를 상징하는 뜻에서 지정한 나무 사회4-2
192	교문(校門)	학교 교 문 문	학교에 들어가는 제일 큰 정문 국어4-2나

가

번호	단어(한자)	훈(뜻)·음(소리)	뜻풀이·교과서
193	교사(教師)	가르칠 교 스승 사	학생을 가르치는 사람 국어3-2가 5-2가 사회4-2
194	교시(校時)	학교 교 때 시	학교에서 수업으로 정한 시간 국어2-2나
195	교실(教室)	가르칠 교 집 실	학교나 학원에서 공부를 하는 큰 방 국어2-1가 3-1나 3-2나 5-1가 6-1나 수학1-1 1-2 2-1 2-2 사회3-1 과학6-1
196	교육(教育)	가르칠 교 기를 육	가르치고 육성함 국어3-2가 4-1나 4-2나 5-1가 5-2가,나 6-1가 6-2가 사회3-2 4-1,2 5-2 6-2
197	교체(交替)	서로 교 바꿀 체	바꾸거나 바뀜 국어4-2가 6-1가
198	교탁(教卓)	가르칠 교 탁자 탁	교단의 앞이나 위에 놓은 탁자 국어3-2나 4-2가 6-2나
199	교통(交通)	서로 교 통할 통	사람이나 차, 비행기 등이 서로 오고감 국어2-1나 3-1가 4-1가,나 4-2나 5-2가 6-2가,나 사회3-1 3-2 4-1,2 5-1 6-1 과학5-2 6-2
200	교표(校票)	학교 교 표할 표	학교를 상징하는 표식 사회4-2
201	교화(校花)	학교 교 꽃 화	학교를 상징하는 뜻에서 지정한 꽃 사회4-2
202	교환(交換)	서로 교 바꿀 환	서로 맞바꿈 국어4-1가 5-1나 6-1나 사회4-2 5-1 6-1 과학5-2
203	교훈(教訓)	가르칠 교 가르칠 훈	가르치고 깨우침 국어3-2가 6-1나 사회5-1 6-1
204	구매(購買)	살 구 살 매	물건을 사들임 사회4-2

번호	단어(한자)	훈(뜻)·음(소리)	뜻풀이·교과서
205	구별(區別)	구분할 구 다를 별	종류에 따라 갈라 놓음 국어4-2나 사회3-2 과학4-2
206	구분(區分)	나눌 구 나눌 분	따로따로 갈라서 나눔 국어4-1나 4-2가 5-1가 5-2나 사회4-2 5-2 과학5-1 6-2
207	구상(構想)	얽을 구 생각 상	일이나 규모의 실현 방법을 이리저리 생각함 수학6-2 사회3-2 과학4-2
208	구성(構成)	얽을 구 이룰 성	얽어서 하나로 만듦 국어4-1가 4-2나 5-1나 5-2나 6-1나 6-2가,나 수학6-1,2 사회4-2 6-2 과학6-1
209	구실(口實)	단위(입) 구 실제, 참 실	핑곗거리 국어3-2가
210	구역(區域)	구분할 구 지경 역	갈라놓은 지역 국어4-1나 4-2나 5-2가,나 수학3-1 사회4-1 5-1 6-1,2
211	구입(購入)	살 구 들 입	물건을 사들임 국어5-2가 6-2나 사회3-2 4-2 과학5-2
212	구조(構造)	얽을 구 지을 조	전체를 이루고 있는 부분들의 얽혀진 관계 국어4-1나 5-1나 6-2나 수학6-2 과학5-1,2 6-2
213	구조물 (構造物)	얽을 구 지을 조 물건 물	얽어서 만든 시설물 수학2-2
214	구체(具體)	갖출 구 몸 체	사물이 뚜렷한 실체를 갖추고 있음 국어2-2나 5-2가,나 6-1가
215	국립(國立)	나라 국 설 립	나라(국가)에서 세우거나 관리함 국어5-2가 6-2나 과학3-1 4-2가 사회3-2
216	국민(國民)	나라 국 백성 민	나라에 사는 주권을 가진 사람들 국어4-2나 사회6-2

가

번호	단어(한자)	훈(뜻)·음(소리)	뜻풀이·교과서
217	국보(國寶)	나라 국 보배 보	나라에서 지정하여 관리하는 보물 국어4-2나 5-1나 5-2가 과학5-1
218	국새(國璽)	나라 국 도장 새	국왕이나 대통령이 문서에 찍는 도장 사회4-2
219	국어(國語)	나라 국 말씀 어	나라의 말과 글 국어1-1
220	국적(國籍)	나라 국 문서 적	국가의 구성원으로서의 자격과 신분 사회4-2
221	국제(國際)	나라 국 사이 제	나라와 나라 사이의 관계 국어6-2가,나 수학6-2 사회3-1 4-2 5-2 6-2
222	국화(菊花)	국화 국 꽃 화	가을에 피는 꽃 이름 국어2-2나 사회4-2
223	궁궐(宮闕)	집 궁 대궐 궐	임금이 정사를 보며 거처하는 곳 국어3-2가 5-2가,나 사회5-2
224	권고(勸告)	권할 권 알릴 고	어떤 일을 하도록 타이르며 권함 사회4-2 6-2
225	권리(權利)	권세 권 이로울 리	합법적으로 보장된 자격 국어4-2가,나 6-1나 사회4-2 5-1 6-1,2
226	권위(權威)	권세 권 위엄 위	남을 지휘하거나 통솔하여 따르게 하는 힘 국어5-2가 6-1나 사회4-2 5-2 과학4-2
227	권유(勸誘)	권할 권 꾈 유	어떤 일을 하도록 타이름 국어2-1나
228	권총(拳銃)	주먹 권 총 총	주먹에 쥘 수 있는 짧고 작은 총 국어4-1나

번호	단어(한자)	훈(뜻)·음(소리)	뜻풀이·교과서
229	귀농(歸農)	돌아갈 귀 농사 농	농사를 짓기 위해 고향으로 돌아감 사회4-1
230	규칙(規則)	법 규 법칙 칙	정해 놓은 질서나 준칙 국어4-1나 4-2가 5-2나 6-2나 수학1-2 2-1,2 3-2 4-1,2 5-1,2 6-1,2 사회3-2 5-2 6-2 과학4-1 5-1,2 6-2
231	균형(均衡)	고를 균 저울대 형	기울거나 치우치지 아니하고 고름 국어3-2나 5-2가 6-1가 6-2가 수학5-2 사회3-2 5-1 6-1,2 과학4-1 5-1,2 6-1
232	극복(克服)	이길 극 따를 복	고난이나 역경을 이겨냄 국어3-2가 5-2나 6-2가,나 사회5-1,2 6-1 과학5-2
233	근거(根據)	뿌리 근 근거 거	의견이나 이유의 바탕이 되는 것 국어4-1나 4-2나 5-1가 6-1가,나 6-2가,나
234	근로(勤勞)	부지런할 근 일할 로	일정한 노무에 종사함, 부지런히 일함 사회4-2 5-1 6-1,2
235	근무(勤務)	부지런할 근 일 무	직무에 종사함 사회4-2 5-2
236	근처(近處)	가까울 근 곳 처	가까운 곳 국어4-2나 5-2가,나 6-2가,나 사회3-2 5-1,2 6-1 과학5-2 6-1
237	금박(金箔)	금 금 잠박(조각) 박	금으로 얇게 판으로 만들어 표면에 입힘 과학4-2
238	금방(今方)	이제 금 바야흐로 방	바로 지금, 바야흐로 국어4-2가 6-2가
239	금속(金屬)	쇠 금 붙을 속	열이나 전기를 잘 전도하고, 펴지고 늘어나는 성질이 풍부하며 특수한 광택을 가진 물질 국어4-2나 6-2나 사회5-2 6-2 과학4-2 6-1,2
240	금식(禁食)	금할 금 먹을 식	종교상의 수행 등으로 음식을 먹지 않음 사회3-2

번호	단어(한자)	훈(뜻)·음(소리)	뜻풀이·교과서
241	금액(金額)	돈 금 한도 액	돈의 액수 국어5-2가 수학4-1 4-2 6-2 사회4-2
242	금은(金銀)	금 금 은 은	금과 은 국어2-2가
243	금지(禁止)	금할 금 그칠 지	말리어 못하게 함 국어5-2가,나 사회4-2 6-2
244	급식(給食)	줄 급 밥, 먹을 식	밥을 나누어 줌 국어1-2가 4-2가 5-1나 5-2가 사회3-1 3-2 4-2 5-1 6-1
245	긍정(肯定)	옳을 긍 정할 정	그러하다고 인정함 국어4-2가 5-2가 6-2나 사회4-2
246	기간(期間)	기약할 기 사이 간	어느 시기에서 다른 시기까지의 동안 국어4-2나 6-2가 수학3-2 사회3-2 4-2 6-2
247	기계(機械)	틀 기 기계 계	동력으로 움직여 일을 하게 만든 장치 국어4-2나 5-2가 사회3-2 4-2 5-1 6-1,2 과학4-2 6-2
248	기관(機關)	틀 기 관계할 관	어떤 일을 이루기 위해 설치된 조직 국어4-1나 5-2가 6-2나 사회5-2
249	기관(器官)	그릇 기 기관 관	일정한 모양과 생리 기능을 가지고 있는 생물체의 각 부분 국어4-2가 과학5-2 6-2
250	기구(機具)	틀 기 갖출 구	놀이기계나 설비나 장치 국어3-1가 수학1-1 2-1 6-2 과학3-2 5-2 6-2
251	기구(器具)	그릇 기 갖출 구	그릇이나 연장 국어3-2가 과학3-1 5-1 6-1
252	기기(器機)	그릇 기 틀 기	기구와 기계의 총칭 국어6-2나 사회3-2 과학6-1,2

번호	단어(한자)	훈(뜻)·음(소리)	뜻풀이·교과서
253	기념(紀念)	실마리 기 생각 념	잊지 않고 마음에 새겨둠 *기념(紀念)=기념(記念) 국어1-2나 2-2나 4-1나 5-2나 6-1나 수학4-2 사회3-2 4-2 6-2
254	기념품 (紀念品)	실마리 기 생각 념 물건 품	기념으로 주거나 사는 물품 *기념품(紀念品)= 기념품(記念品) 수학2-2
255	기능(機能)	틀 기 능할 능	사물의 작용이나 활용 국어1-2가 4-1가 5-2가 수학6-2 사회3-1 4-2 6-2 과학4-2 5-1,2
256	기대(期待)	기약할 기 기다릴 대	일이 이루어지기를 바라고 기다림 국어4-1나 5-1나 6-2가,나 사회6-2
257	기록(記錄)	기록할 기 기록할 록	잊지 않으려고 적어둠 국어5-2가 6-2나 수학2-2 4-2 6-1 사회3-1 5-2 과학3-2 5-1,2 6-1,2
258	기본(基本)	터 기 근본 본	사물의 중요한 밑바탕 국어3-1가 4-1나 4-2나 5-2가 사회4-2 6-2
259	기분(氣分)	기운 기 나눌 분	마음에 생기는 자기만의 단순한 감정 국어1-1가,나 1-2가,나 2-1가 2-2가,나 3-2가,나 4-1나 4-2가,나 5-1가 5-2가,나 6-1나 6-2가,나 수학6-2 사회4-2 과학6-1
260	기사(記事)	기록할 기 일 사	사실을 적은 글 국어4-1나 4-2가 5-2나 6-2가,나 사회3-1 4-2 6-2
261	기상(氣象)	기운 기 모양 상	비나 눈, 바람 등이 대기 속에서 생기는 일 사회4-2 5-2 과학5-2
262	기술(技術)	재주 기 재주 술	어떤 일을 해내는 솜씨 국어4-1나 4-2나 5-2가 6-2가,나 사회3-2 4-2 5-1,2 6-1,2 과학3-2 5-2
263	기억(記憶)	기록할 기 생각할 억	잊지 않고 마음에 새겨둠 국어1-1나 1-2가,나 2-1가,나 2-2가,나 3-2가,나 4-1가 4-2가 5-2가 6-1가,나 6-2가 수학5-2 6-2 사회6-2 과학6-1
264	기업(企業)	꾀할 기 업 업	영리를 얻기 위하여 재화나 용역을 생산하고 판매하는 조직체 수학4-1 수학5-1 6-1 과학6-1 6-2

번호	단어(한자)	훈(뜻)·음(소리)	뜻풀이·교과서
265	기온(氣溫)	공기 기 따뜻할 온	대기의 온도 수학4-2 사회3-1 5-2 과학3-2 5-1,2 6-2
266	기운(氣運)	기운 기 옮길 운	형세가 되어가는 움직임 국어2-2가 4-2가 5-2나 6-1가 6-2나 사회3-2
267	기원(紀元)	실마리, 벼리 기 으뜸 원	연대를 계산하는 데에 기준이 되는 해 수학4-2
268	기입(記入)	기록할 기 들 입	써넣음 수학3-1
269	기자(記者)	기록할 기 사람 자	신문이나 방송, 잡지 등에서 기사를 쓰는 사람 국어4-2가 5-2가 6-2나 사회6-2
270	기적(奇蹟)	기특할, 기이할 기 자취 적	상상을 초월한 신비로운 현상 국어3-1가 6-1가 6-2가
271	기절(氣絶)	기운 기 끊을 절	한때 정신을 잃음 국어4-1가
272	기준(基準)	터 기 준할 준	기본이 되는 표준 국어4-2나 5-1가 5-2가,나 6-1가,나 6-2가 수학2-1 3-1 5-1 6-1 사회3-2 4-1 4-2 5-1,2 6-1,2 과학3-2 4-1,2 5-2 6-2
273	기지(基地)	터 기 땅 지	군대나 탐험대의 활동 근거지 국어5-2나 사회6-2 과학4-2
274	기차(汽車)	물 끓는 김 기 수레 차	증기의 동력으로 달리는 기관차 국어1-1가 6-2나
275	기체(氣體)	공기 기 몸 체	모양과 부피를 가지고 있지 않는 물질 과학3-1 3-2 4-2 5-1 6-2
276	기초(基礎)	터 기 주춧돌 초	사물의 바탕 사회5-2 과학3-1 4-1

번호	단어(한자)	훈(뜻)·음(소리)	뜻풀이·교과서
277	기특(奇特)	기특할 기 특별할 특	말씨나 행동이 기발하고 귀여움 국어3-2나 6-2나
278	기하(幾何)	몇 기 어찌 하	도형 및 성질에 관한 것 수학2-1
279	기호(記號)	기록할 기 이름 호	뜻을 나타내기 위한 문자나 부호 국어3-2가,나 4-2가 6-1나 수학3-2 5-1,2 6-2 사회3-1 과학5-2
280	기회(機會)	때, 조짐 기 모일 회	무슨 일을 하기에 알맞은 시기 국어1-1나 4-2가 6-1나 6-2가 수학5-2 사회5-2 6-2
281	긴급(緊急)	긴할 긴 급할 급	일이 아주 중대하고도 급함 국어4-1나 6-2나
282	긴장(緊張)	긴할 긴 베풀 장	정신을 바짝 차림 국어4-2가 5-2가,나 6-1가 6-2가
283	나침반 (羅針盤)	벌릴 나 바늘 침 소반 반	자석을 단 바늘로 방향과 방위를 알아내는 기구 과학3-1 5-1 6-2
284	낙서(落書)	떨어질 낙 글 서	장난으로 글씨를 쓰거나 그림을 그림 국어1-1가 4-2가 6-1나
285	낙후(落後)	떨어질 낙 뒤 후	경제나 문화 면에서 기준보다 떨어짐 사회4-2
286	난간(欄干)	난간 난 방패 간	층계, 다리, 마루 따위의 가장자리에 일정한 높이로 막아 세우는 구조물 국어2-2가 5-1나
287	난리(亂離)	어려울 난 떠날 리	세상이 어지러워진 사태 국어3-2나 4-2나 6-2나
288	난방(暖房)	따뜻할 난 방 방	건물이나 방 안을 따뜻하게 하는 일 사회3-2 과학5-1,2 6-2 ※참고 : 난(暖)=난(煖)은 같이 사용

번호	단어(한자)	훈(뜻)·음(소리)	뜻풀이·교과서
289	남녀(男女)	사내 남 계집 녀	남자와 여자 사회4-2
290	남매(男妹)	사내 남 누이 매	오누이 국어3-2나
291	남부(南部)	남녘 남 부분 부	어느 기준으로부터 남쪽의 지역 사회3-2
292	남자(男子)	사내 남 아들 자	남성의 사람 국어2-2가
293	납골당(納骨堂)	들일 납 뼈 골 집 당	화장한 유골을 그릇에 담아서 모시는 곳 사회3-2
294	낭비(浪費)	헛되이 낭 쓸 비	쓸데없이 함부로 씀 국어1-2나 3-2나 국어4-2나 6-1나 6-2가 수학5-2 사회4-1 5-1,2 6-1,2
295	낭송(朗誦)	밝을 낭 욀 송	밝은 목소리로 읽거나 읊음 국어2-2나 3-1가 4-2가 6-1가,나
296	내부(內部)	안 내 부분 부	사물의 안쪽, 속 과학3-2
297	내용(內容)	안 내 담을 용	안에 담고 있는 것 국어1-1가,나 1-2가,나 2-1,나 2-2가,나 3-1가,나 3-2가,가 4-1가, 나 4-2가,나 5-1가,나 5-2가,나 6-2가,나 수학2-1 3-2 4-2 5-1,2 6-1,2 사회3-2 5-2 6-2 과학3-1,2 5-1 6-1,2
298	내일(來日)	올 내 날 일	오늘의 다음 날, 아직 오지 않은 날 국어1-2나 2-1나 4-2가,나 5-2나 사회4-2 과학4-2
299	냉각(冷却)	찰 냉 물리칠 각	차게 식힘 과학4-2
300	냉동(冷凍)	찰 냉 얼 동	차게 하여 얼게 함 과학4-2

번호	단어(한자)	훈(뜻)·음(소리)	뜻풀이·교과서
301	냉방기(冷房機)	찰 냉 방 방 틀 기	더위를 막기 위하여 온도를 낮추는 기계 국어1-2나
302	냉장(冷藏)	찰 냉 감출, 갈무리할 장	음식물을 저온에서 보관함 과학4-2
303	냉장고(冷藏庫)	찰 냉 감출 장 곳집 고	음식물을 차게, 오래 보관하기 위한 전기 기구 국어2-2가 사회3-2 3-2 과학5-2
304	노력(努力)	힘쓸 노 힘 력	어떤 일을 이루려고 힘을 다하여 애씀 국어2-1나 2-2가 3-1나 4-1가,나 4-2가,나 5-1나 5-2가,나 6-1나 6-2가,나 수학4-2 사회3-2 4-1,2 5-1,2 6-1,2 과학3-2 4-2 5-2 6-1,2
305	노선(路線)	길 노 줄 선	버스나 기차가 정해 놓고 다니는 길 사회3-1 6-2
306	노약(老弱)	늙을 노 약할 약	나이가 많이 들어 신체가 약해짐 국어5-2가 사회4-2
307	노인(老人)	늙을 노 사람 인	나이가 많은 사람, 늙은 사람 국어2-2가 6-2가 사회4-2
308	녹로(轆轤)	도르래 녹 도르래 로	무거운 것을 들어 올리거나 움직이게 하는 도르래. 또는 도자기 만들 때 흙 틀을 돌리는 물레 국어4-2나
309	농경(農耕)	농사 농 밭갈 경	농사짓는 일 사회4-1
310	농구(籠球)	바구니 농 공 구	두 편으로 나누어 상대편 바구니에 공을 집어 넣는 공놀이 국어2-2가
311	농부(農夫)	농사 농 사내 부	농사를 짓는 사람 국어1-2나 3-1가 3-2가,나 사회4-2 과학4-1
312	농사(農事)	농사 농 일 사	농업에 관한 모든 일 국어1-2나 2-2나 3-1가 5-2나 6-2가,나 사회3-1 3-2 4-2 5-2 과학4-2 5-2 6-1,2

번호	단어(한자)	훈(뜻)·음(소리)	뜻풀이·교과서
313	농약(農藥)	농사 농 약 약	농작물의 병충해를 막기 위해 치는 약 사회4-1 4-2 6-2 과학6-1,2
314	농업(農業)	농사 농 일 업	농사짓는 일 국어6-1나 사회 5-1,2 6-1 과학4-1 5-2
315	농작물 (農作物)	농사 농 지을 작 물건 물	논밭에 심어 가꾸는 곡식이나 채소 사회4-2 과학5-2 6-2
316	농장(農場)	농사 농 마당 장	농사의 설비를 갖추고 농사짓는 곳 수학2-1 2-2 4-2 사회6-2
317	농촌(農村)	농사 농 마을 촌	농사를 짓는 마을 국어6-2가 수학6-1 사회4-1 4-2
318	능력(能力)	능할 능 힘 력	어떤 일을 해낼 수 있는 힘 국어5-1나 5-2가 6-1나 6-2가,나 수학4-2 사회4-2 5-2 6-2 과학5-2
319	능률(能率)	능할 능 비율 률	일정한 시간에 해낼 수 있는 일이나 분량 국어4-2가
320	다감(多感)	많을 다 느낄 감	정다운 느낌을 많이 가짐 사회4-2
321	다수(多數)	많을 다 셈 수	수효가 많음 사회4-2 6-2
322	다양(多樣)	많을 다 모양 양	여러 가지 모양 국어1-2나 2-2나 3-1가 3-2가 4-1가,나 4-2나 5-1가 5-2가,나 6-1가,나 6-2가,나 수학4-1 5-1 6-2 사회3-2 4-1 4-2 5-1,2 6-1,2 과학3-1 3-2 4-1,2 5-1,2 6-1,2
323	다정(多情)	많을 다 뜻 정	정이 많음, 사귐이 두터움 국어1-2나 3-1나 4-2가,나 5-1나 5-2가 사회4-2
324	다행(多幸)	많을 다 다행 행	일이 잘되어 좋게 됨 국어2-1가 2-2나 3-2가 4-2가,나 국어5-2가 6-1나 6-2가

번호	단어(한자)	훈(뜻)·음(소리)	뜻풀이·교과서
325	단계(段階)	층계 단 섬돌 계	차례를 따라 나아가는 과정 국어5-2가 사회4-2 6-2 과학4-1,2 5-1,2 6-2
326	단독(單獨)	홑 단 홀로 독	단 하나, 혼자 사회3-2
327	단련(鍛鍊)	쇠 불릴 단 쇠 불릴 련	쇠를 불리듯, 몸과 마음을 굳세게 닦음 국어4-2나 수학6-1
328	단속(團束)	둥글 단 묶을 속	경계하여 단단히 다잡거나 보살핌 국어4-2가 5-2가
329	단순(單純)	홑 단 순수할 순	구조나 형식 등이 간단함 국어5-2가 6-1가,나 6-2가 사회5-2 과학4-2 6-2
330	단원(單元)	홑 단 으뜸 원	편의상 하나로 묶은 학습의 단위 국어2-1나 2-2가,나 3-1가 5-1가 6-1가 사회3-1 과학6-2
331	단위(單位)	홑 단 자리 위	길이, 무게, 분량을 헤아리는 양의 표준 국어3-2가 6-2나 수학2-1 2-2 3-1 3-2 4-1 5-1,2 6-1 사회6-2 과학3-2 5-1,2
332	단점(短點)	부족할 단 점 점	모자라거나 흠이 되는 점 국어3-2가 5-2가 사회6-2
333	단정(端正)	바를 단 바를 정	얌전하고 바름 국어4-2나 5-2가 사회5-2
334	단지(團地)	모일 단 땅 지	집단으로 조성한 일정한 지역 국어5-1가 수학5-2 사회4-1,2
335	단체(團體)	모일 단 몸 체	같은 목적을 위한 사람들의 모임 국어5-2나 국어6-2가,나 수학6-2 사회4-2 6-2 과학6-1
336	단축(短縮)	짧을 단 줄일 축	짧게 줄임 국어4-2나 6-1나

번호	단어(한자)	훈(뜻)·음(소리)	뜻풀이·교과서
337	단층(斷層)	끊을 단 층 층	지층이 끊어져 어긋난 곳 과학3-2
338	단풍(丹楓)	붉을 단 단풍 풍	늦가을의 붉고 누렇게 된 나뭇잎 국어1-2나 과학6-1,2
339	담당(擔當)	멜 담 마땅할 당	일을 맡음, 어떤 일의 책임을 지고 있음 국어4-1나 5-1나 6-1나 6-2나 과학5-2
340	담임(擔任)	멜 담 맡길 임	학급 등을 책임지고 맡아 봄 국어2-2가 2-2나 5-2가 6-2나
341	답사(踏査)	밟을 답 조사할 사	직접 찾아가서 조사함 사회3-2
342	답장(答狀)	대답할 답 문서 장	화답하는 편지를 보냄, 또는 그 편지 국어2-1가 5-1가 6-2가 사회3-2
343	당뇨(糖尿)	엿 당 오줌 뇨	포도당이 섞여 나오는 병적인 오줌 국어4-1나
344	당번(當番)	마땅할 당 차례 번	어떤 일을 책임지고 돌보는 차례가 됨 국어2-2가 2-2나 4-2가
345	당부(當付)	마땅할 당 줄 부	어찌하라고 말로 단단히 부탁함 국어6-2가 사회4-2
346	당선(當選)	마땅할 당 가릴 선	선거에서 뽑힘 사회4-1
347	당시(當時)	마땅할 당 때 시	일이 생긴 바로 그때 국어5-2가 6-1나 6-2나 사회5-2 과학3-2
348	당연(當然)	마땅할 당 그럴 연	마땅히 그러해야 함 국어3-1나 5-1나 5-2나 6-2가,나 수학6-2 사회4-2 6-2

번호	단어(한자)	훈(뜻)·음(소리)	뜻풀이·교과서
349	당장(當場)	마땅할 당 마당 장	일이 일어난 바로 그 자리, 또는 지금 바로 이 자리 국어2-1가 2-2가 5-1가 6-1나
350	당황(唐慌)	허풍, 당황할 당 다급할 황	놀라서 어찌할 줄을 모름 국어4-2가 5-1나 5-2가,나 6-1가 사회6-2
351	대가(代價)	대신할 대 값 가	노력이나 한 일에 대한 보수 국어6-2가 사회4-2
352	대각선(對角線)	마주할 대 뿔 각 줄 선	서로 마주보는 각 수학4-1 4-2 5-2
353	대강(大綱)	큰 대 벼리 강	중요한 부분만 간단히 국어3-2가
354	대기(待期)	기다릴 대 기약할 기	때나 기회를 기다림 국어3-2가
355	대기(大氣)	큰 대 기운 기	지구를 싸고 있는 공기 사회4-1 5-1 6-1
356	대길(大吉)	큰 대 길할 길	크고 좋은 일이 많기를 바람 국어4-2나
357	대답(對答)	대답할 대 대답 답	물음에 답함 국어1-2가 2-1가 2-2가 3-2가,나 국어4-2가,나 5-2가,나 6-1가 6-2가,나 수학2-1 3-2 6-2 사회6-2 과학3-2 4-2 6-1
358	대란(大亂)	큰 대 어지러울 란	난리가 크게 일어남, 어떤 일이 커짐 사회4-2
359	대문(大門)	큰 대 문 문	건물이나 집을 들어가는 큰 문 국어2-1가 5-2가
360	대본(臺本)	대 대 판본 본	무대에서 배우가 하는 말을 적은 글 국어1-2나 2-2나 4-2가,나 5-2가 과학5-2

번호	단어(한자)	훈(뜻)·음(소리)	뜻풀이·교과서
361	대분수 (帶分數)	띠 대 나눌 분 셈 수	정수와 진분수가 합으로 이루어진 수 수학3-2 4-1 5-1,2
362	대사(臺詞)	대 대 말 사	배우가 무대 위에서 하는 말 국어3-1나 5-2가 6-1나 6-2나 과학4-2
363	대상(對象)	대할 대 모양 상	행위의 목표물 국어2-1가 2-2나 3-1나 3-2가 4-2나 5-1가 5-2가 6-1가 6-2가,나 사회4-2 6-2
364	대신(代身)	대신할 대 몸 신	다른 것, 다른 사람으로 바꿈 국어2-1가 2-1나 국어2-2가 5-2가,나 6-1나 6-2가,나 수학6-2 사회4-2 6-2 과학6-1,2
365	대신(大臣)	큰 대 신하 신	군주국가에서 직위가 높은 신하 국어3-2나
366	대안(代案)	대신할 대 안건 안	어떤 일에 대신할 다른 안 사회4-2
367	대왕(大王)	큰 대 임금 왕	임금(왕)을 높여 이르는 말 국어1-2나 3-2가 4-2나 사회5-2
368	대우(待遇)	대접할 대 만날 우	예의를 갖추어 대접함 사회4-2
369	대응(對應)	대할 대 응할 응	맞서서 서로 응함 국어5-2가 수학4-2 5-2 6-2
370	대접(待接)	대접할 대 대접할 접	예를 차려 대접함 국어5-1나 6-2나 사회3-2
371	대중(大衆)	큰 대 무리 중	여러 사람, 많은 무리 국어2-1나 6-2나 사회4-1 5-1 6-1
372	대출(貸出)	빌릴 대 날 출	돈이나 물건, 책 등을 빌려줌 국어3-2가

번호	단어(한자)	훈(뜻)·음(소리)	뜻풀이·교과서
373	대표(代表)	대신할 대 나타낼 표	단체나 개인, 글 따위를 대신하는 것 국어1-2가, 나 3-1가 6-2나 수학5-2 사회4-2 6-2 과학5-2
374	대피(待避)	대비할 대 피할 피	위험을 잠시 피함 과학4-1
375	대형(大形)	큰 대 모양 형	큰 규모나 모양 사회4-2
376	대화(對話)	대할 대 말씀 화	서로 마주하고 이야기를 함 국어2-1가 2-2가, 나 3-1가, 나 3-2나 4-1가, 나 4-2가, 나 5-1가, 나 5-2가, 나 6-1가, 나 6-2가, 나 수학1-1 2-1 사회4-2 6-2 과학5-2
377	대회(大會)	큰 대 모일 회	많은 사람이 모임 국어2-2가 3-2가 4-2나 6-2나 수학4-2 과학5-2
378	덕담(德談)	덕 덕 말씀 담	상대에게 잘 되기를 빌어주는 말 사회3-2
379	도감(圖鑑)	그림 도 볼, 살필 감	그림이나 사진을 모아 실물처럼 보게 만든 책 과학3-2 4-2
380	도구(道具)	방법 도 갖출 구	무엇을 하기 위한 연장 국어3-1가 5-2가 수학2-1 사회3-2 4-2 5-2 과학3-2 5-1,2 6-2
381	도달(到達)	이를 도 통달할 달	목적한 곳에 다다름 국어6-2가 과학4-2 5-1 6-2
382	도로(道路)	길 도 길 로	차나 사람이 다니는 길 국어2-1나 5-2가, 나 수학6-2 사회3-1, 2 4-2 5-1 6-1 과학3-2 5-2 6-1
383	도리(道理)	도리, 길 도 이치 리	사람이 지켜야 할 바른 길 국어4-1나 5-1가
384	도망(逃亡)	달아날 도 달아날 망	몰래 달아남 국어2-1가 2-2가 3-2나 5-1나 5-2나 6-1가, 나 6-2나 수학2-2 사회5-2

번호	단어(한자)	훈(뜻)·음(소리)	뜻풀이·교과서
385	도서(圖書)	그림 도 글 서	서적, 글씨나 그림 국어3-2가 4-1나 6-1나 6-2나 수학6-2 사회4-2
386	도서관 (圖書館)	그림 도 글 서 집 관	여러 가지 책이나 그림을 갖추어 놓고 전시·열람하는 곳 국어5-1나 6-2가 수학1-1 2-2
387	도시(都市)	도읍 도 저자 시	행정·경제·교통이나 편리시설이 많아 사람이 많이 모여 사는 곳 국어4-1나 5-2가 6-2가 수학2-2 6-1 사회3-1 4-1 5-1,2 6-1
388	도입(導入)	인도할 도 들 입	이끌어 들임 국어6-1나 사회4-2 6-2
389	도자기 (陶瓷器)	질그릇 도 사기그릇 자 그릇 기	흙으로 구워 만든 그릇 사회3-2
390	도장(圖章)	그림 도 글 장	나무나 뿔에 개인·단체의 이름을 새긴 물건 국어2-2나 5-2나
391	도전(挑戰)	돋울 도 싸움 전	싸움을 걺 국어3-2가 4-1가 6-1가 수학4-2 사회6-2
392	도착(到着)	이를 도 붙을 착	목적한 곳에 다다름 국어1-2가 1-2나 2-1가 2-1나 5-1가 5-2가,나 6-1가,나 6-2가,나 수학1-1,2 2-1,2 4-2 6-1,2 사회3-1 4-2 5-1 6-1,2 과학3-2 4-2 5-2
393	도포(道袍)	길 도 두루마기 포	지난날 남자들이 통상 예복으로 입던 겉옷 사회3-2
394	도형(圖形)	그림 도 모양 형	입체, 면, 선 등이 모여 이루어진 꼴 수학2-1 3-1 4-2 5-1,2 6-2
395	도화지 (圖畫紙)	그림 도 그림 화 종이 지	그림을 그리는 흰 종이 ※참고: 화(畵)=화(畫)는 같이 사용 국어1-2가 3-2나
396	독감(毒感)	독 독 느낄 감	매우 독하고 심한 감기 국어2-2가 3-1가 5-2가

번호	단어(한자)	훈(뜻)·음(소리)	뜻풀이·교과서
397	독서(讀書)	읽을 독 글 서	글을 읽음, 공부를 함 국어3-1나 3-2나 국어4-1가 4-2가,나 5-1나 5-2가 6-2나 수학2-1 4-2 5-2
398	독성(毒性)	독 독 성질 성	독기 있는 성분 국어3-1나 사회6-2
399	독특(獨特)	홀로 독 특별할 특	다른 것과 다르게 홀로 뛰어나게 보임 국어2-1가 2-2가 수학4-2 사회6-2 과학4-2 6-1
400	동계(冬季)	겨울 동 철, 때 계	겨울철 국어2-2나 과학5-2
401	동굴(洞窟)	동굴 동 굴 굴	깊고 큰 굴 국어5-2가 6-2가 사회5-1,2 6-1 과학3-2
402	동기(動機)	움직일 동 기미, 때 기	행위의 원인이 되는 마음의 상태 국어3-1나
403	동료(同僚)	같을 동 동료 료	같은 일자리에서 같은 일을 하는 사람 국어4-1나
404	동물(動物)	움직일 동 만물 물	생명체 중에서, 사람, 짐승, 새, 물고기 국어1-1가,나 1-2가,나 2-1가,나 2-2나 3-1가 3-2가 4-2가 5-2나 6-2가 수학1-1 2-1 사회4-2 5-2 6-2 과학3-1 4-2 6-1,2
405	동물원 (動物園)	움직일 동 만물 물 동산 원	여러 동물을 모아 기르며 구경시키는 곳 국어6-2나 수학2-2
406	동반(同伴)	같을 동 짝 반	함께 가거나 옴, 데리고 감 국어5-2가 사회4-2
407	동생(同生)	같을 동 날 생	같은 부모에게서 태어난 나이 어린 사람 국어1-2나 2-1가 2-2나 6-2가
408	동시(同時)	같을 동 때 시	같은 때, 같은 무렵 국어4-1나 4-2가 5-2나 수학2-2 5-1 사회6-2 과학4-2 5-2

번호	단어(한자)	훈(뜻)·음(소리)	뜻풀이·교과서
409	동작(動作)	움직일 동 지을 작	기계나 사람을 움직임 국어2-2나 3-1나 6-2가 수학1-2 과학5-2
410	동전(銅錢)	구리 동 돈 전	놋쇠로 만든 돈 국어2-1나 3-1가 3-2나 수학2-2 4-2 6-1,2 사회5-2 과학5-1
411	동점(同點)	같을 동 점 점	점수를 매길 때, 똑같음 수학2-1
412	동정(同情)	같을 동 뜻 정	남의 불행을 가엽게 여김 국어4-1가
413	동참(同參)	함께, 한가지 동 참여할 참	함께 참여함 사회4-2
414	동화(童話)	아이 동 말씀 화	아이들에게 들려주는 이야기 국어4-1나 6-1나 6-2나 수학2-1.사회4-2
415	두부(豆腐)	콩 두 두부, 썩을 부	콩을 갈아 엉기게 한 음식 과학4-1
416	둔각(鈍角)	둔할 둔 뿔 각	직각보다 크고 180도 각보다 작은 각 수학4-1
417	등고선(等高線)	등급 등 높을 고 줄 선	표준 해면으로부터 높이가 같은 지점들을 연결한 곡선 사회4-1
418	등교(登校)	오를 등 학교 교	학교에 감 국어4-2나 6-2나
419	등대(燈臺)	등 등 대 대	해안이나 섬에서 밤에 불을 켜놓고 배를 안내하는 등불 국어6-1가 수학5-1 사회3-1 4-1
420	등록(登錄)	오를 등 기록할 록	문서에 적어둠 사회4-1 과학6-1

번호	단어(한자)	훈(뜻)·음(소리)	뜻풀이·교과서
421	등산(登山)	오를 등 메, 산 산	산에 오름 국어5-2나 사회3-1 4-2 과학5-2
422	등장(登場)	오를 등 마당 장	어떤 장소나 무대에 나타남 국어2-1가 2-2가 2-2나 3-1나 5-1가,나 6-2가,나 사회3-2 4-2 5-2
423	마법(魔法)	마귀 마 법 법	마력으로 부리는 술법 국어4-2가 수학2-2 6-1 과학5-2
424	마술(魔術)	마귀 마 재주 술	눈속임으로 이상한 일을 해 보이는 재주 국어3-2가 국어5-2나
425	만병(萬病)	일만 만 병 병	모든 여러 가지 병 국어3-2나
426	만약(萬若)	일만 만 같을 약	만에 하나, 만일 국어2-2가,나 3-1가 4-1나 4-2가 5-2가,나 6-1나 6-2나 사회4-2 6-2 과학6-1,2
427	만족(滿足)	찰 만 족할 족	부족함이 없이 충분함 국어4-2나 5-2나 6-1가 수학6-2
428	만화(漫畫)	멋대로 만 그림 화	멋대로 익살스럽게 그린 그림 ※참고 : 화(畵)=화(畫)는 같이 사용 국어1-2가 2-1나 2-2나 3-1가,나 3-2가 4-1나 5-1가 5-2가 6-2나 과학3-2
429	망극(罔極)	없을 망 끝 극	끝이 없음, 헤아릴 수 없음 국어3-2나
430	망신(亡身)	망할 망 몸 신	잘못을 저질러 체면이나 명예에 손상을 입음 국어3-2나
431	매년(每年)	매양 매 해 년	해마다 수학4-2
432	매력(魅力)	매혹할 매 힘 력	사람의 마음을 사로잡아 끄는 힘 국어4-2가

번호	단어(한자)	훈(뜻)·음(소리)	뜻풀이·교과서
433	매립(埋立)	묻을 매 설 립	묻어 버림 수학6-1,2 사회4-1 5-1 6-1 과학6-1
434	매일(每日)	매양 매 날 일	날마다 수학1-2 5-2 6-2 과학6-1
435	매장량 (埋藏量)	묻을 매 감출 장 헤아릴 량	묻혀 있는 수량 과학4-1
436	매체(媒體)	중매 매 몸 체	매개하는 대상이나 존재 국어4-1나 5-1나 5-2가,나 6-1가 6-2나 사회5-1 6-1
437	면담(面談)	앞(낯) 면 말씀 담	서로 만나서 이야기함 국어4-2나 5-2가 6-1가,나 사회3-1 4-2
438	면역(免疫)	면할 면 전염병 역	같은 항원에서 다시 발병하지 않는 현상 국어4-2가 5-2가
439	멸종(滅種)	멸할 멸 씨 종	씨가 없어짐, 씨를 없앰 국어3-1나 4-2가 사회6-2 과학3-2 6-1
440	명단(名單)	이름 명 홑 단	관계자의 이름을 적어 놓은 표 국어3-2나 사회4-1
441	명령(命令)	명령할 명 명령할 령	윗사람이 아랫사람에게 시킴 국어5-1가 5-2나 6-2나 사회3-2
442	명상(瞑想)	눈 감을 명 생각 상	고요히 눈을 감고 깊이 생각함 국어4-2나
443	명예(名譽)	이름 명 기릴 예	다른 사람의 평가로 좋은 이름을 얻음 국어4-1가 5-1가 6-2나
444	명절(名節)	이름 명 때, 절기 절	전통적으로 즐기는 날, 설, 추석 등 국어3-1나 4-2가 사회3-2

번호	단어(한자)	훈(뜻)·음(소리)	뜻풀이·교과서
445	명함(名銜)	이름 명 직함 함	성명이나 주소, 신분을 적은 종이쪽지 국어6-2나 사회4-2
446	모양(模樣)	모양 모 모양 양	겉으로 나타난 생김새 국어1-1가 1-2나 2-1나 2-2나 3-1나 4-1나 4-2가,나 5-2가,나 6-1가 6-2가 수학1-2 2-1,2 3-2 4-2 5-2 6-1,2 사회5-1,2 6-1,2 과학3-1,2 4-2 5-1 6-1,2
447	모음(母音)	어미 모 소리 음	한글의 소리글자. 'ㅏ'~'ㅣ' 까지 국어1-1가
448	모자(帽子)	모자 모 접미사 자	머리에 쓰는 쓰개의 모든 것 수학2-1 ※쓰개 : 머리에 쓰는 물건
449	모집(募集)	모을 모 모을 집	널리 구하여 모음 사회4-2
450	모험(冒險)	무릅쓸 모 험할 험	위험을 무릅씀 국어6-2나 수학6-2 과학3-1
451	모형(模型)	법 모 모양 형	본래의 것을 줄여서 만든 본, 본보기 틀 수학1-2 2-1,2 3-1,2 4-1,2 6-1,2 사회5-1 6-1,2 과학3-2 4-1,2 5-1,2
452	목동(牧童)	칠 목 아이 동	들판이나 목장에서 짐승을 키우는 사람 수학1-2
453	목마(木馬)	나무 목 말 마	나무로 만든 말처럼 생긴 놀이기구 수학4-2
454	목욕(沐浴)	목욕할 목 목욕할 욕	머리를 감고 몸을 씻음 국어5-2가,나 사회3-2 6-2
455	목장(牧場)	칠 목 마당 장	소나 말, 양 등 짐승을 기르는 곳 국어4-1나
456	목재(木材)	나무 목 재목 재	나무로 된 재료 국어6-2가 수학6-2 과학4-2

번호	단어(한자)	훈(뜻)·음(소리)	뜻풀이·교과서
457	목적(目的)	눈 목 과녁 적	이루려는 목표 국어3-2가 4-1나 5-2나 6-1나 6-2가,나 수학2-1 사회3-1 4-2 6-2 과학3-1
458	목표(目標)	눈 목 표할 표	이루거나 도달하려는 대상 국어6-2가 수학3-1 5-2 6-2 사회6-2
459	몰두(沒頭)	묻힐 몰 머리 두	한 가지 일에만 정성을 기울임 국어4-2나 사회5-2
460	무궁화(無窮花)	없을 무 다할 궁 꽃 화	우리나라를 상징하는 꽃 사회4-2
461	무단(無斷)	없을 무 끊을 단	신고나 허가 없이 함부로 행동함 국어4-2가 과학5-2
462	무당(巫堂)	무당 무 집 당	귀신을 섬겨 길흉을 점치고 굿을 하는 사람 국어2-1 사회5-2
463	무대(舞臺)	춤출 무 대 대	춤이나 연주 등을 할 수 있게 객석 정면에 만든 단 국어5-2가 6-1나 6-2가 수학2-2 사회6-2
464	무례(無禮)	없을 무 예도 례	예의가 없음 국어3-2나
465	무료(無料)	없을 무 헤아릴 료	사용한 대가가 없음, 공짜 사회4-2 5-1 6-1
466	무성(茂盛)	무성할 무 성할 성	초목이 우거짐 국어4-1나 5-1나
467	무술(武術)	굳셀, 무기 무 재주 술	무인이 갖추고 있는 여러 가지 기술 국어3-2나 사회6-2
468	무용(舞踊)	춤출 무 뛸 용	춤 사회4-2 5-2

번호	단어(한자)	훈(뜻)·음(소리)	뜻풀이·교과서
469	무형(無形)	없을 무 모양 형	보이는 형체가 없음 국어4-2나
470	문고(文庫)	글월 문 곳집 고	책을 넣어두는 곳 국어4-1나 4-2가 수학6-2 사회4-2
471	문구(文具)	글월 문 갖출 구	공부하는 데 쓰는 온갖 기구 국어1-2가 4-1나 사회4-2 5-1 6-1
472	문단(文段)	글월 문 층계 단	글을 묶은 짤막한 단위 국어3-1가 4-1가,나 4-2가 5-1나 5-2가
473	문방구(文房具)	글월 문 방 방 갖출 구	공부하는 데 필요한 재료를 파는 곳 국어2-1나 5-2나
474	문법(文法)	글월 문 법 법	말의 구성 및 운용상의 규칙 국어3-2가
475	문서(文書)	글월 문 글 서	글이 적혀 있는 모든 서류 국어4-1나 4-2나 사회4-2
476	문양(紋樣)	무늬 문 모양 양	아름답게 꾸민 무늬 국어5-1가 사회4-2 6-2
477	문자(文字)	글월 문 글자 자	인간의 의사소통을 위한 시각적인 기호 체계 국어3-2가 4-1나 5-1가,나 5-2가 6-2나 사회5-2 6-2
478	문장(文章)	글월 문 글 장	글자로 어떤 뜻을 조리 있게 적어냄 국어1-1나 1-2가 2-1가,나 2-2가,나 3-1가 3-2가 4-1가,나 4-2가,나 5-1가 5-2가,나 6-1가,나 6-2나 수학1-2 2-2 3-2 4-1,2
479	문제(問題)	물을 문 제목 제	답을 필요로 하는 것 국어2-1가 2-2가 3-1나 3-2가,나 4-1나 4-2가,나 5-2가,나 6-1나 6-2가,나 수학1-2 2-1 2-2 3-2 4-1 5-2 6-1,2 사회3-1 3-2 4-1 4-2 6-2 과학5-1,2 6-1,2
480	문집(文集)	글월 문 모을 집	개인의 글이나 시를 모아 엮은 책 수학1-2

번호	단어(한자)	훈(뜻)·음(소리)	뜻풀이·교과서
481	문화(文化)	글월 문 될 화	인지(人智)가 깨어나서 세상이 편리하게 되는 일 국어4-2나 5-2가 6-2나 6-2가 사회3-2 4-1 사회4-2 5-2 6-2
482	물건(物件)	물건 물 물건 건	형체가 있고 부피가 있는 모든 물체 국어1-2가,나 2-1가 2-2나 3-1가,나 4-2가,나 5-2나 수학1-1 수학1-2 2-1 2-2 사회3-2 4-2 과학3-2 5-2 6-2
483	물질(物質)	만물, 물건 물 바탕 질	물체의 본바탕 국어3-1나 5-2가,나 6-2가 과학3-1 3-2 4-2 5-1,2 6-2
484	물체(物體)	만물, 물건 물 몸 체	구체적인 모양을 가지고 있는 물건 국어5-1나 5-2가,나 6-2나 과학3-1 5-2 6-1
485	미래(未來)	아닐 미 올 래	아직 오지 않은 때 국어5-2가 6-1나 6-2가,나 사회3-2 4-2 5-1 6-1,2 과학4-1
486	미로(迷路)	수수께끼 미 길 로	한 번 들어가면 방향을 알 수 없는 길 국어1-2나
487	미만(未滿)	아닐 미 찰 만	정한 수나 정도에 차지 못함 수학4-2 5-2
488	미모(美貌)	아름다울 미 모양 모	아름다운 얼굴, 미색 국어4-2가
489	미생물 (微生物)	작을 미 살 생 물건 물	현미경으로 볼 수 있는 아주 작은 생물 국어 3-1나
490	미술(美術)	아름다울 미 재주 술	시각을 통해 아름다움을 창조하고 표현하는 예술 국어 1-2가 4-2가 6-1나 6-2나 수학1-2 3-1가 사회4-2 5-2
491	미아(迷兒)	미혹할 미 아이 아	길이나 집을 잃고 헤매는 아이 사회4-2
492	미안(未安)	아닐 미 편안할 안	마음이 편안하지 못함 국어1-2가,나 2-1가 2-2가,나 3-1가,나 4-1가,나 5-2나 6-1가 6-2가,나 사회6-2

번호	단어(한자)	훈(뜻)·음(소리)	뜻풀이·교과서
493	미천(微賤)	작을 미 천할 천	낮고 천한 신분이라 보잘것없음 국어3-2나 6-2가
494	미풍(微風)	작을 미 바람 풍	약하게 부는 기분 좋은 바람 국어4-1나
495	민감(敏感)	민첩할 민 느낄 감	감각이 예민함 국어3-1나
496	민족(民族)	백성 민 겨레 족	같은 지역에서 오랫동안 생활하여 풍습이나 언어가 같은 사람들 국어5-1가 5-2나 6-2가 사회4-2 5-1,2 6-1,2
497	밀림(密林)	빽빽할 밀 수풀 림	나무가 빽빽하게 우거짐 국어4-2나 사회6-2 과학6-2
498	밀폐(密閉)	빽빽할 밀 닫을 폐	틈 없이 꽉 막아 닫음 과학3-2 6-1
499	박물관(博物館)	넓을 박 만물, 물건 물 집 관	여러 가지 물건을 수집하고 관리하며 전시하는 곳 국어1-2나 3-2나 5-2가 6-2나 수학1-2 2-2 사회3-2 5-2 6-2 과학6-2
500	박사(博士)	넓을 박 선비 사	어떤 전문 지식을 갖춘 사람 국어1-2나 3-2나 6-2나 사회6-2 과학6-2
501	박수(拍手)	칠 박 손 수	칭찬이나 응원을 할 때 손을 마주쳐 소리를 냄 국어4-2가 수학4-2
502	반납(返納)	돌아올 반 들일 납	되돌려 줌 국어3-2가
503	반대(反對)	돌이킬 반 대할 대	향하는 쪽의 상대가 되는 쪽 또는 남의 의견이나 제안에 찬성하지 않음 국어1-2가 2-1가 2-2가 3-1나 4-1나 6-2가,나 수학4-2 6-2 사회5-2 6-2 과학3-2 4-2 6-1,2
504	반면(反面)	돌이킬 반 면 면	뒤에 오는 말이 앞의 내용과 상반됨을 나타내는 말 국어5-2가 사회4-2

번호	단어(한자)	훈(뜻)·음(소리)	뜻풀이·교과서
505	반복(反復)	돌이킬 반 회복할 복	같은 것을 되풀이함 국어1-1나 1-2나 2-1가,나 2-2나 3-1가 5-2가 6-1가,나 6-2가 수학1-1 2-2 5-1 6-1,2 과학3-2 5-2 6-1,2
506	반사(反射)	돌이킬 반 쏠 사	빛이나 전파가 물체에 부딪쳐 되돌아옴 국어4-1가 과학3-2 4-2 6-1
507	반성(反省)	돌이킬 반 살필 성	자기가 한 일에 대하여 되돌아 봄 국어2-2가 3-1나 4-2나 과학6-2
508	반영(反映)	돌이킬 반 비출 영	어떤 영향이 다른 것에 미쳐 나타남 국어4-2나 5-2나 6-1나
509	반응(反應)	돌이킬 반 응할 응	자극이나 작용을 받아 일으키는 변화와 움직임 국어2-2가 4-2가 5-1나 6-1가 6-2나 사회5-1 6-1 과학5-1,2 6-2
510	반찬(飯饌)	밥 반 반찬 찬	밥을 맛있게 먹으려고 곁들여 먹는 음식 국어1-2가 5-2가,나 사회3-2 6-2
511	발견(發見)	일으킬 발 볼 견	알려지지 않은 것을 처음으로 찾아냄 국어1-1나 1-2나 2-2가,나 3-1나 3-2나 4-1나 4-2나 5-2나 6-1가,나 6-2나 수학1-1 3-2 4-2 5-2 6-2 사회3-2 4-2 5-1,2 6-1,2 과학3-2 4-2 6-2
512	발달(發達)	일으킬 발 통달할 달	성장함, 진보하고 발전함 국어4-1나 5-2가 6-2나 사회3-2 4-2 5-1,2 6-1 과학4-2 5-1,2
513	발대(發隊)	일으킬 발 무리 대	순찰, 기동대 따위를 발기하는 의식 사회4-2
514	발명(發明)	일으킬 발 밝을 명	새로운 것을 고안하여 실용화함 국어3-1가 4-1나 5-2나 6-1가,나 6-2나 수학2-1 사회5-2 과학6-2
515	발생(發生)	일으킬 발 날 생	어떤 현상이 일어남, 사물이 새로 생김 국어4-1가 5-1나 5-2가 6-2나 수학3-2 6-2 사회3-2 6-2 과학4-1 5-2 6-1,2
516	발음(發音)	일으킬 발 소리 음	말소리를 냄, 또는 그 소리 국어1-2나 2-2나 4-2나 5-2가 사회3-2

번호	단어(한자)	훈(뜻)·음(소리)	뜻풀이·교과서
517	발전(發電)	일으킬 발 전기 전	전기를 일으킴(만듦, 생산함) 사회3-1
518	발전(發展)	일으킬 발 펼 전	보다 더 좋은 상태로 되어감 국어4-1가 5-1가,나 6-1가,나 6-2나 사회3-1 3-2 4-1 5-1,2 6-1,2 과학6-1
519	발표(發表)	일으킬 발 나타낼 표	어떤 사실이나 결과, 작품 따위를 세상에 널리 드러내어 알림 국어1-2가 2-1나 2-2나 3-2가 4-1나 4-2가,나 5-2나 6-1가,나 6-2가,나 수학1-2 2-1 4-2 5-2 사회4-2 6-2 과학4-2 5-2 6-1,2
520	발효(醱酵)	술괼 발 술괼 효	세균, 곰팡이 등으로 유기물이 분해됨 국어3-1나 수학5-1 사회6-2
521	방과(放課)	놓을 방 공부 과	학교 정규 수업이 끝난 이후 국어4-2나 수학2-2 사회3-2 과학4-2
522	방문(房門)	방 방 문 문	방에 달린 문, 방을 드나드는 문 국어1-2가 2-2가 4-1나 4-2나 6-2가,나 수학4-2 사회3-2 4-2 5-1 6-12 과학6-1
523	방법(方法)	방법 방 법 법	무엇을 이루기 위하여 취하는 수단 국어1-1가,나 1-2가,나 2-1가,나 2-2가,나 3-1가 3-2가 4-1가,나 4-2가,나 5-1나 5-2가,나 6-1가,나 6-2가,나 수학1-2 2-1,2 3-1,2 4-2 5-2 6-1,2 사회3-1,2 4-1 4-2 과학5-1,2 6-1,2
524	방송(放送)	놓을 방 보낼 송	보도나 음악을 라디오나 TV전파로 실어 보냄 국어2-2나 3-1가 4-1나 4-2나 5-1가 5-2나 6-1가,나 사회3-1 4-2 과학5-2
525	방식(方式)	방법 방 법 식	일정한 형식이나 방법 국어2-2가 3-1나 3-2나 수학4-2 사회3-2 과학3-2 6-1
526	방안(方案)	방법 방 안건 안	일을 처리하거나 해결하여 나갈 방법이나 계획 국어4-1가 5-1가 5-2가 사회4-2 6-2 과학6-1
527	방어(防禦)	막을 방 막을 어	적이 쳐들어오는 것을 막음 국어3-1나 사회5-2
528	방언(方言)	곳, 방위 방 말씀 언	어떤 지역에서만 쓰는 특유한 언어, 사투리 국어4-2나

번호	단어(한자)	훈(뜻)·음(소리)	뜻풀이·교과서
529	방위(方位)	곳, 방위 방 자리 위	동서남북을 기준으로 정한 방향 사회3-2 5-2 과학5-1 6-2
530	방지(防止)	막을 방 그칠 지	어떤 일이 일어나지 않도록 막음 국어5-2가,나 6-2나 사회4-2 과학3-1 6-1
531	방파제(防波堤)	막을 방 물결 파 둑 제	파도를 막기 위해 물가에 쌓은 둑 사회4-1 5-2
532	방학(放學)	놓을 방 배울 학	학교에서 한여름과 한겨울에 수업을 쉼 국어2-2가 3-2나 5-2나 과학4-2
533	방해(妨害)	방해할 방 해할 해	남의 일을 간섭하고 막아 해를 끼침 국어3-1가,나 3-2가 4-2가 5-1나 5-2가 6-1나 사회6-2
534	방향(方向)	곳 방 향할 향	나아가거나 향(바라보는)하는 쪽 국어1-1가 1-2가 2-1가 2-2가 3-2가,나 4-2가,나 6-2가 수학1-1,2 2-2 3-2 4-2 사회3-1 6-2 과학3-1 4-2 5-1,2 6-1,2
535	배경(背景)	등 배 경치 경	뒤에 보이는 경치 국어4-1가 4-2가,나 5-1나 6-1가,나 6-2가,나 사회5-2 과학6-2
536	배낭(背囊)	등 배 주머니 낭	물건을 넣어 등에 지는 큰 주머니 국어3-2나 사회6-2 과학4-2
537	배달(配達)	나눌 배 전달할 달	물품을 가져다가 돌려줌 사회5-1 6-1 과학3-2
538	배려(配慮)	나눌 배 생각 려	여러 가지로 자상하게 마음을 써줌 국어2-1가 3-2가 4-2가,나 5-2가 사회4-2 5-1 6-1
539	배설(排泄)	밀칠 배 샐 설	몸 안에 생긴 노폐물을 몸 밖으로 내 보냄 국어4-1가 과학3-2 4-2 과학6-1
540	배송(配送)	나눌 배 보낼 송	필요한 곳까지 배달해 줌 사회4-2

번호	단어(한자)	훈(뜻)·음(소리)	뜻풀이·교과서
541	배열(配列)	나눌 배 줄 열	죽 벌여서 늘어놓음 수학1-2 2-1 2-2 4-1 4-2 6-2 사회5-2 과학5-1
542	배출(排出)	밀칠 배 날 출	안에서 밖으로 밀어 내보냄 국어6-2가 수학2-1 5-2 6-2 사회3-2 5-1 6-1,2 과학4-1 5-2 6-1,2
543	배치(配置)	나눌 배 둘 치	물건이나 사람을 알맞은 자리에 나누어 둠 국어5-2나 과학3-2 6-2
544	백과(百科)	일백 백 과목 과	여러 가지 학과나 여러 가지 분야 국어4-2나 6-1나 6-2나 사회6-2 과학3-2
545	백설(白雪)	흰 백 눈 설	하얀 눈 국어1-2가
546	백성(百姓)	일백 백 성 성	나라 안의 모든 사람, 국민 국어1-2나 3-2나 4-2나 5-1가
547	백옥(白玉)	흰 백 구슬 옥	흰 옥, 하얀 구슬 국어3-2나
548	백화점(百貨店)	일백 백 재물 화 가게 점	여러 가지 물건을 진열하고 판매하는 곳 수학2-1 사회3-2 과학5-2
549	번식(繁殖)	번성할 번 불릴 식	붙고 늘어서 많이 퍼짐 과학4-2 6-1
550	번호(番號)	차례 번 이름 호	차례를 나타내는 숫자 국어1-1가 1-2나 2-1나 3-1가 4-1가 수학1-2 2-1 2-2 과학4-2
551	벌칙(罰則)	벌줄 벌 법칙 칙	법규를 어겼을 때의 처벌을 정한 규정 국어4-1나
552	범위(範圍)	법 범 둘레 위	한정된 구역의 언저리 국어6-1나 6-2나 수학4-2 사회5-1,2 6-1

번호	단어(한자)	훈(뜻)·음(소리)	뜻풀이·교과서
553	범죄(犯罪)	범할 범 죄(허물) 죄	죄를 저지름 국어5-2가 사회3-1 4-1 6-2
554	법률(法律)	법 법 법칙 률	사회생활을 유지하기 위한 강제적인 규범 국어5-1나 사회4-2 5-2 6-2
555	법칙(法則)	법 법 법칙 칙	지켜야 할 규칙 국어4-1가 과학5-1
556	법회(法會)	법 법 모일 회	불교의 불법을 강설하는 모임 사회3-2
557	벽보(壁報)	벽 벽 알릴 보	벽에 붙여 놓고 여러 사람에게 알림 사회4-1
558	벽화(壁畫)	벽 벽 그림 화	벽(담)에 그린 그림　　※참고 : 화(畵)=화(畫)는 같이 사용 수학6-2 사회4-2 5-2
559	변신(變身)	변할 변 몸 신	몸이나 모습을 다르게 바꿈 국어5-2나 과학4-1
560	변화(變化)	변할 변 될 화	사물의 모양, 상태, 성질이 달라짐 국어2-1나 4-2가 5-2가,나 6-1가,나 6-2가,나 수학3-2 4-2 5-2 6-2 사회3-1 3-2 4-1,2 5-1,2 6-1,2 과학3-1,2 4-1,2 5-1,2 6-1,2
561	별명(別名)	다를 별 이름 명	이름 이외에 다르게 부르는 이름 국어2-2가 3-2가 사회6-2 과학4-2
562	별안간 (瞥眼間)	눈 깜짝할 별 눈 안 사이 간	눈 깜짝할 동안의 아주 짧은 동안 국어2-2가
563	병균(病菌)	병 병 균 균	병을 일으키는 세균 사회3-2
564	병원(病院)	병 병 집 원	병을 치료하는 곳 국어1-1나 2-1나 2-2가 3-1가,나 3-2나 4-1가,나 6-2나 수학1-2 4-2 사회3-1 4-1 과학5-1

번호	단어(한자)	훈(뜻)·음(소리)	뜻풀이·교과서
565	병풍(屛風)	병풍 병 바람 풍	바람을 막거나 무엇을 가리기 위한 물건 국어4-1나 4-2가
566	병환(病患)	병 병 근심 환	병이 들어 아픈 것을 높이어 이르는 말 국어3-2나 5-1가
567	보건(保健)	지킬 보 굳셀 건	건강을 지켜나가는 일 사회4-2 6-2 과학5-2
568	보고(報告)	갚을(알릴) 보 알릴 고	임무에 대하여 그 결과를 말이나 글로 알림 사회3-1 3-2 과학3-2
569	보관(保管)	지킬 보 주관할 관	물건 따위를 맡아서 관리함 국어4-1나 국어4-2가 수학6-1 사회3-2 4-2 5-2 과학4-2 5-1,2
570	보관소(保管所)	지킬 보 주관할 관 곳 소	물건을 맡아 간수하는 곳 국어2-1나
571	보급(補給)	기울, 도울 보 줄 급	부족한 것을 대어 줌 국어6-2나 사회4-1 과학4-1
572	보답(報答)	갚을 보 답할 답	남의 은혜나 호의를 갚음 국어1-2나 사회6-2
573	보도(步道)	걸음 보 길 도	사람이 걸어 다니는 길 국어3-1가 4-1가,나 4-2나 5-1나 사회4-2 6-2
574	보물(寶物)	보배 보 물건 물	귀하고 값이 비싼 물건 국어1-2가 2-1나 3-2가 4-2나 5-1나 5-2나 6-1나 6-2가 수학1-2 2-1 사회3-1 과학6-1
575	보석(寶石)	보배 보 돌 석	희귀하고 비싼 아름다운 광석 국어3-2가 과학3-2
576	보수(補修)	기울 보 닦을 수	허물거나 잘못된 것을 고침 국어5-1나 사회4-1

바

번호	단어(한자)	훈(뜻)·음(소리)	뜻풀이·교과서
577	보장(保障)	지킬 보 막을 장	잘못되는 일들이 없도록 보증함 국어5-2가 6-1가,나 6-2가 사회4-2 6-2
578	보존(保存)	지킬 보 있을 존	상하거나 없어지지 않게 잘 지님 국어4-2나 5-1나 5-2가 6-2가,나 수학6-2 사회5-1,2 6-1,2 과학3-2 4-1 6-1
579	보충(補充)	도울 보 채울 충	부족한 것을 보태어 채움 국어3-2가 4-1가 5-1가 5-2가 6-1나 과학4-2 6-1
580	보통(普通)	넓을 보 통할 통	널리 두루 통함 국어2-2가 3-1나 5-1가,나 5-2가 6-2나 사회4-1
581	보편(普遍)	넓을 보 두루 편	모든 것에 두루 미침 국어6-1가 사회6-2 과학4-2
582	보행(步行)	걸음 보 갈 행	걸어 다님 국어5-2가 6-2나 사회4-1
583	보호(保護)	지킬 보 도울 호	약한 것을 잘 돌보아 지킴 국어2-1가 2-2나 4-1나 4-2가,나 5-1나 5-2나 6-1나 6-2가,나 수학4-2 6-2 사회3-2 4-2 5-1,2 6-1,2 과학3-2 4-2 5-1,2 6-1,2
584	보화(寶貨)	보배 보 재물 화	값어치가 비싼 물건의 총칭, 보물 국어2-2가
585	복도(複道)	겹칠 복 길 도	건물과 건물을 잇는 지붕이 있는 긴 통로 국어2-1나 2-2가 2-2나 4-2가,나
586	복사(複寫)	겹칠 복 베낄 사	사진이나 문서를 본래의 것과 같이 찍어 내는 일 국어4-2가 5-2가 사회6-2
587	복습(復習)	돌이킬 복 익힐 습	배운 것을 되풀이하여 익힘 국어3-2가,나
588	복잡(複雜)	겹칠 복 섞일 잡	겹치고 뒤섞여 어수선함 국어5-1가 6-2가 수학6-1 사회5-1 6-1 과학3-2 5-2 6-1

번호	단어(한자)	훈(뜻)·음(소리)	뜻풀이·교과서
589	복제(複製)	겹칠 복 지을 제	본래의 것과 똑같이 만듦 국어4-2나 5-2가
590	복지(福祉)	복 복 복 지	만족스러운 생활환경, 행복한 세상 국어5-2가 사회4-2 5-1 6-1
591	봉사(奉事)	받들 봉 일, 섬길 사	남을 위해 자신의 이해를 돌보지 않고 일함 국어4-1가 4-2나 수학2-1 5-1 사회4-2
592	봉수대(烽燧臺)	봉화 봉 횃불 수 대 대	봉화를 올릴 수 있게 되어 있는 둑 사회3-1 과학4-2
593	봉안당(奉安堂)	받들 봉 편안할 안 집 당	죽은 사람의 유골을 안치하는 것을 높이는 말 사회3-2
594	봉지(封紙)	봉할 봉 종이 지	종이로 만든 작은 주머니 국어3-2가 4-2가 수학2-2
595	부근(附近)	붙을 부 가까울 근	가까운 곳 국어4-1나 사회5-1 6-1,2 과학4-2 6-1
596	부담(負擔)	질 부 멜 담	의무나 책임을 떠맡음 국어5-2가 수학6-2 사회4-2
597	부당(不當)	아닐 부 마땅할 당	사리에 맞지 않음, 도리에 벗어남 사회4-2 6-2
598	부도(附圖)	붙을 부 그림 도	본 책에 덧붙여 있는 그림이나 지도 사회3-2
599	부록(附錄)	붙을 부 기록할 록	책의 끝에 참고 자료로 덧붙이는 내용 사회5-1 6-1 과학3-1 6-1
600	부모(父母)	아비 부 어미 모	아버지와 어머니 국어2-2가 2-2나 4-2나 6-1나 수학2-1

번호	단어(한자)	훈(뜻)·음(소리)	뜻풀이·교과서
601	부부(夫婦)	지아비 부 지어미 부	정식으로 결혼한 남편과 아내 국어5-2가 사회3-2 4-2 6-2
602	부분(部分)	부분 부 나눌 분	전체를 몇으로 나눈 것 중의 하나 국어1-1나 1-2가,나 2-1가,나 2-2가,나 3-1가,나 3-2가,나 4-1나 4-2가,나 5-2가,나 6-1가,나 6-2나 수학1-2 2-1,2 3-1 3-2 4-1 5-1 5-2 6-1,2 사회6-2 과학3-2 5-2 6-1
603	부자(富者)	부자 부 사람 자	살림이 넉넉한 사람 국어3-2나 4-1나 4-2나 6-1가 6-2가,나 사회6-2
604	부족(不足)	아닐 부 족할 족	어느 한도에 모자람 국어2-2가 3-2가 4-1나 4-2가 5-1가 5-2가,나 6-1가,나 6-2가,나 수학1-2 3-1 5-2 사회3-2 4-1 4-2 5-2 6-2 과학5-2 6-1
605	부지(扶持)	붙들 부 잡을, 버틸 지	상당히 어렵게 보존하거나 유지하여 나감 국어3-2나
606	부탁(付託)	줄 부 부탁할 탁	어떤 일을 하여 달라고 당부하여 맡김 국어2-1 2-2가,나 3-2가 5-1나 5-2가 6-1나 6-2가 수학5-1 사회4-2 6-2
607	부품(部品)	부분 부 물건 품	전체의 한 부분을 이루는 물체 수학6-2 사회4-2 과학3-1 6-2
608	부호(符號)	부호 부 이름, 부를 호	어떤 뜻을 나타내는 기호 국어1-1나 2-1나 2-2나
609	부화(孵化)	알 깔 부 될 화	알을 깜 과학3-1
610	북극(北極)	북녘 북 끝 극	지구의 북쪽 끝 국어1-1가 4-1가 수학4-2 과학6-1
611	북부(北部)	북녘 북 부분 부	어느 기준으로부터 북쪽의 지역 사회3-2
612	북한(北韓)	북녘 북 한국 한	우리나라의 38선 이북의 땅, 공산정부 사회4-2 5-1 6-1

번호	단어(한자)	훈(뜻)·음(소리)	뜻풀이·교과서
613	분동(分銅)	나눌 분 구리 동	물체의 무게를 재기 위하여 표준으로 만든 물건 과학4-1
614	분류(分類)	나눌 분 무리 류	어떤 기준에 따라 나눈 갈래 국어2-2나 4-1나 5-1가 6-1가,나 6-2가 수학2-1 3-1 4-1 6-1 사회3-2 과학3-1 4-1 5-1,2 6-2
615	분리(分離)	나눌 분 떠날 리	따로 나뉘어 떨어짐 국어5-1가 5-2가 6-2나 과학4-1
616	분명(分明)	나눌 분 밝을 명	흐리지 않고 또렷함 국어2-1가,나 2-2나 3-1가,나 3-2가 4-1가,나 5-1가 5-2가 6-2가,나 수학2-1 과학3-2 5-1,2
617	분모(分母)	나눌 분 어미 모	분수에서 가로줄 아래에 적는 수 수학3-2 4-1 5-1 6-1
618	분석(分析)	나눌 분 가를 석	복합된 성분을 요소에 따라 가르는 일 국어5-2가 6-2가,나 사회4-2 과학4-2 5-2 6-1
619	분수(噴水)	뿜을 분 물 수	물을 내뿜음 국어2-2가 5-1가 과학5-2
620	분수(分數)	나눌 분 셈 수	분자와 분모로 나타낸 수. 또는 자기 처지에 마땅한 한도 국어4-1가 수학3-1,2 4-1,2 5-1,2 6-1,2
621	분실물(紛失物)	어지러울 분 잃을 실 물건 물	잃어버린 물건 국어2-1나 4-2가
622	분야(分野)	나눌 분 들 야	사물을 어떤 기준에 따라 나눈 영역 국어4-2가 6-1가 사회4-2 과학4-2
623	분위기(雰圍氣)	안개 분 에워쌀 위 공기 기	어떤 자리에 감도는 느낌 국어2-1가 2-2가 6-2가
624	분자(分子)	나눌 분 아들 자	분수에서 가로줄 위에 적는 수 수학3-2

번호	단어(한자)	훈(뜻)·음(소리)	뜻풀이·교과서
625	분출(噴出)	뿜을 분 날 출	뿜어냄 사회5-1 6-1 과학4-1
626	분포(分布)	나눌 분 펼 포	여기저기 나누어 퍼져 있음 국어5-2가 사회4-1 5-1,2 6-1
627	불공평(不公平)	아니 불 공평할 공 평평할 평	모두가 공평하지 못함 국어4-2나
628	불교(佛敎)	부처 불 종교 교	석가모니를 받드는 종교 사회3-2 5-2 6-2
629	불만(不滿)	아니 불 찰 만	마음에 차지 않는 느낌, 그런 마음의 표시 국어4-2가 사회4-2 6-2
630	불법(不法)	아니 불 법 법	법에 어긋나 있음 국어4-2나 5-2가 사회6-2
631	불상(佛像)	부처 불 형상 상	부처의 모습을 조각이나 그림으로 나타낸 것 국어4-2나 5-2가 사회3-2 5-2
632	불안(不安)	아니 불 편안할 안	마음이 편하지 못함 국어4-2나 5-1가 5-2가 6-2가
633	불편(不便)	아니 불 편할 편	편리하지 못함 국어1-2가 2-2나 3-2가 4-2가,나 5-2가 6-1나 6-2나 수학1-1 2-1 2-2 5-1,2 사회3-1 3-2 4-2 6-2
634	불평(不平)	아니 불 평평할 평	마음에 들지 아니하여 못마땅하게 여김 국어2-1가
635	비교(比較)	견줄 비 견줄 교	둘 이상의 것을 서로 견주어 봄 국어1-1나 1-2가,나 2-1가 2-2가,나 3-1가,나 3-2가,나 4-1가,나 4-2가,나 5-1가 5-2가,나 6-1가 6-2가,나 수학1-1,2 2-1,2 3-1,2 4-1,2 5-1,2 6-1,2 사회3-1,2 4-2 6-2 과학3-1,2 4-1,2 5-1,2 6-1,2
636	비단(緋緞)	비단 비 비단 단	명주실로 두껍고 광택이 나게 짠 피륙 국어5-2나 사회3-2 5-2

번호	단어(한자)	훈(뜻)·음(소리)	뜻풀이·교과서
637	비만(肥滿)	살찔 비 찰 만	평균보다 살이 많이 찜 수학4-2
638	비명(悲鳴)	슬플 비 울 명	슬프거나 아파서 지르는 소리 국어3-2나 4-1가 4-2가 5-2가,나 6-1나 6-2나
639	비밀(祕密)	숨길 비 깊숙할 밀	남이 알지 못하도록 숨김 국어2-1 3-2가,나 4-1가,나 4-2나 국어5-1가,나 6-2나 사회3-2 4-1 6-2 과학3-2 4-1 5-1 ※祕(비)는 祕(비)의 俗字(속자)
640	비용(費用)	쓸 비 쓸 용	어떤 일을 하는 데 드는 돈 국어6-2가 6-2나 수학4-1 5-2 사회5-1 6-1 과학3-1 5-2
641	비유(比喩)	견줄 비 비유할 유	빗대어 표현함 국어4-2가 6-1가
642	비율(比率)	견줄 비 비율 율	둘 이상의 수를 나타낼 때 기준으로 하는 수 국어5-2가 6-2나 수학4-2 5-1 6-1,2 과학6-1
643	비장(悲壯)	슬플 비 장할 장	슬프면서도 그 감정을 억눌러 씩씩함 국어4-1
644	비참(悲慘)	슬플 비 참혹할 참	마음이 몹시 슬픔 국어4-2가
645	비행(飛行)	날 비 갈 행	날아감 국어4-1가 5-1나 사회6-2
646	빙산(氷山)	얼음 빙 메 산	얼음덩어리로 된 산 국어4-1가
647	빙하(氷河)	얼음 빙 물 하	수백 수천 년 동안 쌓인 눈이 얼음덩어리로 변하여 그 자체의 무게로 압력을 받아 이동하는 현상. 또는 그 얼음덩어리 사회5-2 과학4-2 6-1
648	사건(事件)	일 사 건 건	관심이 될 만한 일 국어4-1가,나 4-2나 5-2나 6-1나 6-2나

번호	단어(한자)	훈(뜻)·음(소리)	뜻풀이·교과서
649	사고(事故)	일 사 일 고	뜻밖에 일어난 나쁜 일 국어4-1가,나 4-2가 5-1나 5-2가 6-2나 사회4-1,2 6-2 과학5-2 6-2
650	사과(謝過)	사례할 사 허물 과	잘못이나 허물에 대한 용서를 빎 국어1-2가 2-1가 5-1가 6-1가
651	사극(史劇)	역사 사 연극 극	역사를 소재로 꾸민 연극이나 연속극 국어4-2가
652	사기(士氣)	남자, 선비 사 기운 기	사람들이 일을 이룩하려는 기개 국어4-2가
653	사례(事例)	일 사 법식 례	어떤 일의 전례나 실제의 예 국어5-1가 5-2가 6-2나 사회4-2 5-1,2 6-1,2 과학4-1
654	사막(沙漠)	모래 사 사막, 넓을 막	넓은 모래벌판 국어6-2가 수학1-1 사회6-2 과학3-2 4-2 5-1 6-1
655	사물(事物)	일 사 물건 물	어떤 일이나 물건 국어1-1나 3-1가 3-2가 4-1나 5-1가 6-1가 수학2-1
656	사물함(私物函)	사사 사 물건 물 함 함	개인 물품을 넣어두는 함 국어3-2나 수학1-1 2-1 사회3-1
657	사방(四方)	넉 사 곳, 방위 방	동서남북의 모든 방향 국어3-2가 4-1나 수학1-1 6-2 사회6-2
658	사실(事實)	일 사 참, 실제 실	실제로 있거나 있었던 일 국어2-2가 2-2나 3-1가 3-2가,나 4-1나 4-2나 5-1나 5-2가 6-1가,나 6-2가,나 수학2-2 5-2 사회6-2 과학6-1,2
659	사암(砂巖)	모래 사 바위 암	모래가 뭉쳐서 단단히 굳어진 암석 과학3-2
660	사연(事緣)	일 사 인연 연	일에 대한 까닭이나 원인 국어4-1나

번호	단어(한자)	훈(뜻)·음(소리)	뜻풀이·교과서
661	사용(使用)	부릴 사 쓸 용	사람을 부리거나 물건을 씀 국어1-1가 2-1가,나 2-2가 3-1가,나 3-2가 4-1나 4-2가,나 5-2가, 나 6-1가,나 6-2가,나 수학1,2 2-1,2 3-1 4-2 5-1,2 6-1,2 사회3-1, 2 4-2 5-2 6-2 과학3-1,2 4-2 5-1,2 6-1,2
662	사전(辭典)	말씀 사 책 전	낱말을 일정한 순서로 배열하고 풀이한 책 국어2-2가 3-1가 4-1나 4-2가,나 5-1나 5-2가,나 6-1가,나 6-2가, 나 사회6-2 과학3-2
663	사정(事情)	일 사 뜻 정	일의 형편, 또는 딱한 처지를 하소연하여 도움을 빎 국어3-2나 4-2가 5-1가,나
664	사진(寫眞)	베낄 사 참 진	사진기로 찍은 화상을 인화지에 나타냄 국어2-2나 3-2가 4-1가 4-2가 5-2가 6-2가,나 수학6-1 6-2 사회3-1 3-2 4-2 과학4-2 5-2 6-1
665	사찰(寺刹)	절 사 절 찰	절, 사원이라고도 함 사회3-2 5-2
666	사촌(四寸)	넉 사 촌수 촌	아버지 또는 어머니 형제의 아들딸 국어4-2나 5-2가
667	사치(奢侈)	사치할 사 사치할 치	지나치게 호사스러움 국어6-2가 과학4-2
668	삭제(削除)	깎을 삭 덜 제	깎아 없앰, 모두 지워버림 국어4-2가 5-1나 5-2나
669	산림(山林)	메 산 수풀 림	산과 숲, 산에 우거진 나무 수학6-2 사회5-1 6-1 과학4-1
670	산사태 (山沙汰)	메 산 모래 사 일(일다) 태	갑자기 내린 비로 산이 무너져 내림 수학6-2 사회4-2
671	산삼(山蔘)	메 산 인삼 삼	산에서 자연적으로 나서 자란 인삼 국어3-2나
672	산소(山所)	메 산 곳 소	조상의 무덤을 높여 이르는 말 사회3-2

번호	단어(한자)	훈(뜻)·음(소리)	뜻풀이·교과서
673	산소(酸素)	실(신맛) 산 본디 소	공기 중의 중요 성분인 기체원소 국어4-2가 6-2가 수학6-2 사회6-2 과학4-2 5-2 6-1,2
674	산업(産業)	산물, 낳을 산 업(일) 업	생산을 목적으로 하는 사업 국어5-2가 사회3-1 3-2 4-1,2 5-1 6-1,2 과학4-2 5-2 6-2
675	산지촌(山地村)	메 산 땅 지 마을 촌	산이 많은 지역의 마을 사회4-1
676	산책(散策)	흩을 산 꾀 책	마음 편히 이리저리 거닒 국어2-2나 4-2가 6-1가 6-2가 수학6-1 사회4-2 과학3-2 5-2 6-2
677	산호(珊瑚)	산호 산 산호 호	바다 밑 산호충강의 식물 과학3-2
678	삼각수(三角數)	석 삼 뿔 각 셈 수	일정한 물건으로 삼각형 모양을 만들어 늘어 놓았을 때, 그 삼각형을 만들기 위해 사용된 총 수가 되는 수를 말함 수학3-2
679	삼각형(三角形)	석 삼 뿔, 모서리 각 모양 형	모서리가 세 개인 꼴 수학2-1 4-1
680	삼촌(三寸)	석 삼 촌수 촌	아버지의 형제들, 보통 나이 적은 형제 국어2-1가 6-2가
681	상가(商街)	장사 상 거리 가	장사하는 가게가 많이 늘어선 곳 사회3-1
682	상관(相關)	서로 상 관계할 관	서로 관계되어 있음 국어2-1가 2-2가 3-2가 4-1가 4-2가,나 5-2나 6-2가,나 사회6-2 수학4-2
683	상대(相對)	서로 상 대할 대	서로 마주 대함. 또, 서로 맞서 겨룸 국어1-2가 2-1가 2-2가 3-1가 4-2가,나 5-2가,나 6-2나 수학6-1 과학4-2 5-1
684	상류(上流)	위 상 흐를 류	강물 따위의 위쪽 국어5-2나 사회4-2

번호	단어(한자)	훈(뜻)·음(소리)	뜻풀이·교과서
685	상복(喪服)	장사 상 옷 복	사람이 죽었을 때, 상주가 입는 옷 사회3-2 5-2
686	상상(想像)	생각 상 형상 상	머릿속으로 그려봄 국어1-1나 1-2나 2-1가 3-1나 3-2가 4-1가 4-2가,나 5-1가 5-2가,나 6-1가,나 6-2가,나 수학2-2 5-2 사회3-2 4-2 5-2 6-2 과학3-2 4-1 5-1 6-1
687	상업(商業)	장사 상 업 업	물건을 사고파는 직업 사회3-2
688	상여(喪輿)	죽을 상 가마 여	시체를 장지(무덤)까지 옮기는 가마 국어5-1나 사회3-2
689	상영(上映)	위 상 비출 영	영화를 영사하여 관객에게 보여줌 수학4-2 사회6-2
690	상자(箱子)	상자 상 접미사 자	판지나 나무로 네모지게 만든 그릇 국어1-2가,나 4-1나 5-2나 6-1가 수학1,2 2-1,2 3-2 4-2 5-1,2 6-1 사회5-2 과학4-1 5-2 6-2
691	상장(賞狀)	상 줄 상 문서 장	잘한다고 칭찬하는 뜻으로 주는 증서 국어4-2가
692	상징(象徵)	모양 상 나타날 징	구체적인 사물을 끌어대어 연상하게 함 국어4-1나 5-1가 사회4-2 6-2
693	상처(傷處)	다칠 상 곳 처	몸의 다친 자리. 피해를 입은 자국 국어2-1가 3-2가 5-1가 5-2나 6-1가 사회5-1,2 6-1,2 과학3-1
694	상쾌(爽快)	시원할 상 쾌할 쾌	마음이 아주 시원하고 거뜬함 국어3-1나 5-2가 4-1나
695	상태(狀態)	모양, 형상 상 모습 태	사물·현상이 놓여 있는 모양이나 형편 국어4-1나 4-2가 5-1가 6-1가 6-2가,나 사회4-1 과학3-1 3-2 4-2 5-1,2 6-2
696	상품(商品)	장사 상 물건 품	사고파는 물품 사회3-1 3-2 5-1 6-1 과학5-2

번호	단어(한자)	훈(뜻)·음(소리)	뜻풀이·교과서
697	상황(狀況)	형상 상 상황 황	어떤 일에 처한 형편 국어1-2가,나 2-1가 3-1가,나 3-2가 4-1가,나 4-2가,나 5-1가,나 5-2가,나 6-1가 6-2가,나 수학3-2 4-2 사회3-2 4-2 6-2 과학4-2 6-2
698	색소(色素)	빛 색 본디 소	빛깔의 바탕이 되는 물질 국어3-1나 과학5-2
699	생기(生氣)	살 생 기운 기	싱싱하고 힘찬 기운 국어4-2가 5-2나
700	생명(生命)	살 생 목숨 명	살아 있는 목숨 국어3-2나 5-2가 6-2가,나 사회4-2 과학3-2 6-1,2
701	생물(生物)	살 생 만물 물	자연물 가운데 생명을 가진 것의 총칭 국어5-2나 과학3-2 4-1 6-1,2
702	생산(生産)	살 생 낳을 산	생활에 필요한 물품을 만듦 국어3-1나 4-1나 4-2가 6-1나 6-2나 수학5-2 6-1,2 사회3-2 4-2 5-1,2 6-1,2 과학4-2 5-2 6-1
703	생산량(生産量)	날 생 낳을 산 헤아릴 량	만들거나 농사를 지어 얻는 수확량 수학3-2
704	생선(生鮮)	살 생 활어, 고울 선	살아 있는 싱싱한 물고기 국어3-1나 5-2나 사회3-2 4-2 5-1 6-1,2 과학5-2
705	생시(生時)	살 생 때 시	살아 있는 때 국어4-2가
706	생신(生辰)	날 생 때 신	태어난 날. 어른의 생일을 높이는 말 국어1-2가 4-1가 4-2가 6-2나 수학6-2
707	생일(生日)	날 생 날 일	태어난 날 국어1-1나 1-2가 2-1가,나 3-1가 4-1나 5-2가 6-1가,나 수학1-1 2-1 2-2 3-2 5-1,2 사회4-2 과학6-2
708	생전(生前)	살 생 앞 전	살아 있는 동안 국어2-2나

번호	단어(한자)	훈(뜻)·음(소리)	뜻풀이·교과서
709	생존(生存)	살 생 있을 존	살아 있음, 살아남음 국어6-2나 과학3-2 6-1
710	생태(生態)	살 생 모습 태	생물이 자연계에서 살고 있는 모습 국어6-1나 사회5-1 6-1 6-2 과학3-1 5-2 6-1,2
711	생활(生活)	살, 날 생 살 활	살아감 국어2-1나 2-2나 3-2가,나 4-1나 4-2가 5-1가 5-2가,나 6-1나 6-2가,나 수학1-1 2 2-1,2 3-1 4-2 6-1 사회3-2 4-1,2 5-2 6-2 과학3-1,2 5-1,2 6-2
712	서가(書架)	책 서 시렁 가	책을 꽂아 두는 시렁 국어3-2가 5-1나
713	서당(書堂)	글 서 집 당	글방. 옛날에 글을 배우던 곳 국어3-2나 사회5-2
714	서명(署名)	서명할 서 이름 명	자기 이름을 문서에 적음 국어6-2나 사회4-2 5-1 6-1
715	서서(徐徐)	느릴 서 느릴 서	느리고 천천히 진행됨 국어5-2가 6-2나 사회4-2
716	서식(棲息)	깃들 서 숨쉴 식	깃들어 삶 국어6-1나 6-2가 과학3-2 6-1
717	서양(西洋)	서녘 서 외국, 큰바다 양	유럽이나 아메리카의 여러 나라 국어5-2나 6-2가 사회3-2 과학6-1
718	서원(書院)	글 서 집 원	옛날에 지방에 있던 학교, 글방 사회4-2
719	서점(書店)	책 서 가게 점	책을 파는 곳 국어4-2나 사회4-2
720	서평(書評)	글 서 평할 평	작가가 지은 글을 평가함 국어4-2나

번호	단어(한자)	훈(뜻)·음(소리)	뜻풀이·교과서
721	석유(石油)	돌 **석** 기름 **유**	천연으로 지하에서 솟아나는 가연성 액체 국어2-1나 수학6-2 사회3-1 6-2 과학3-2 6-2
722	석탄(石炭)	돌 **석** 숯 **탄**	땅속에 묻힌 식물이 변하여 생긴 가연성 물질 국어2-1나 수학6-2 사회3-1 5-1 6-1 과학3-2 6-2
723	석탑(石塔)	돌 **석** 탑 **탑**	돌로 쌓은 탑 국어4-2나 5-2가 사회5-2
724	석회암 (石灰巖)	돌 **석** 재 **회** 바위 **암**	물에 녹아 있는 석회질, 동물의 뼈, 생물이 쌓여 굳어진 암석 과학3-2
725	선거(選擧)	가릴 **선** 들 **거**	조직이나 단체에서 대표자를 뽑음 사회4-1 6-2
726	선녀(仙女)	신선 **선** 계집 **녀**	여자 신선 국어2-2가
727	선두(先頭)	먼저 **선** 머리 **두**	맨 앞장 사회4-2
728	선물(膳物)	드릴, 줄 **선** 물건 **물**	축하하는 뜻으로 선사하는 물건 국어1-1나 2-1가 3-1가,나 4-1가,나 4-2가 5-1가 5-2가 6-1나 6-2가,나 수학1,2 2-1 3-2 4-2 5-1 사회3-2 4-2 5-2
729	선발(選拔)	가릴 **선** 뽑을 **발**	여럿 중에서 잘하는 사람을 뽑음 국어3-2가 5-1가 과학5-2
730	선분(線分)	줄 **선** 나눌 **분**	직선 위 두 점 사이의 선 수학3-1 3-2 4-2 5-1,2 6-1,2
731	선생(先生)	선생, 앞 **선** 서생, 살 **생**	학문이나 기예를 가르쳐 주는 사람 국어1-1가,나 1-2가 2-1가 2-2가,나 3-2나 6-2가 수학2-1 2-2
732	선수(選手)	가릴 **선** 솜씨 **수**	운동 경기나 기술에서 대표로 뽑힌 사람 국어3-1가 6-2나 수학1-2 4-2 과학5-2 6-1

번호	단어(한자)	훈(뜻)·음(소리)	뜻풀이·교과서
733	선정(選定)	가릴 선 정할 정	여럿 중에서 가려 뽑음 국어4-1가 4-2나 6-2가 사회4-2 6-2
734	선택(選擇)	가릴 선 가릴 택	여럿 가운데서 마음에 드는 것을 고름 국어1-2나 4-1나 4-2가,나 5-1가,나 5-2가,나 6-1나 6-2가,나 수학1-2 2-1 4-2 6-1,2 사회4-2 5-1 6-1,2 과학4-2 5-1,2 6-1
735	설계(設計)	베풀 설 셀 계	계획을 세워 도면으로 그리는 일 국어5-2나 수학4-2 6-1,2 과학3-2 5-1,2 6-1,2
736	설득(說得)	말씀 설 얻을 득	잘 설명하거나 타일러서 납득시킴 국어4-1나 5-1나 5-2나 6-1가 6-2가,나 과학4-1 6-1
737	설명(說明)	말씀 설 밝을 명	자세히 풀이하여 밝힘 국어1-2나 2-1나 2-2가,나 3-1가 3-2가나 4-1나 4-2나 5-1가 6-1가,나 6-2가,나 수학1-2 2-1 2-2 3-1 3-2 4-2 5-2 6-1 사회3-1 3-2 4-2 6-2 과학3-1 5-1,2 6-1,2
738	설문(設問)	베풀 설 물을 문	문제를 내어 물어봄 국어4-2가 5-2가 6-2나 수학6-2
739	설치(設置)	베풀 설 둘 치	기계나 설비를 마련하여 갖춤 국어3-2가 5-1나 5-2나 6-2가,나 사회3-2 4-2 5-1,2 6-1,2 과학4-2 5-2 6-1
740	섭취(攝取)	당길 섭 취할 취	영양분을 빨아들임 국어3-2나 5-2가 6-2나
741	성격(性格)	성품 성 격식 격	각 개인이 가지고 있는 특유한 성질 국어2-2나 3-1나 4-1가 4-2나 5-1나 5-2가 6-1나 6-2가,나 사회5-2
742	성공(成功)	이룰 성 공 공	하고 싶은 것, 뜻하는 바를 이룸 국어4-2가 5-1나 5-2나 수학2-2 6-1 사회5-2
743	성금(誠金)	정성 성 돈 금	정성으로 내는 돈 국어4-2가 6-2나 수학5-1
744	성급(性急)	성질 성 급할 급	성질이 매우 급함 국어4-2나

번호	단어(한자)	훈(뜻)·음(소리)	뜻풀이·교과서
745	성년식(成年式)	이룰 성 해 년 법 식	일정한 나이에 이름을 기념해 베푸는 의식 사회3-2
746	성당(聖堂)	성인 성 집 당	가톨릭의 교회당 국어5-1나 사회4-2
747	성묘(省墓)	살필 성 무덤 묘	조상의 산소를 살펴봄 국어5-1나 수학6-2 사회3-2 6-2
748	성별(性別)	성품, 성질 성 다를 별	남자나 여자로 나눔 국어3-1나 사회5-2 6-2
749	성분(性分)	성질 성 나눌 분	화합물을 이루고 있는 것의 하나 국어3-1나 5-1나 5-2가 사회4-2 과학4-2
750	성적(成績)	이룰 성 쌓을 적	학업이나 시험의 결과 국어5-2나 6-2가,나 수학4-1 6-2 과학6-1
751	성질(性質)	성품 성 바탕 질	그것만이 가지고 있는 특징 국어3-2가 4-1나 6-1나 수학3-2 4-1 5-1,2 6-2 사회5-2 과학3-1,2 4-1,2 5-1,2 6-1,2
752	성탄절(聖誕節)	성인 성 낳을 탄 때 절	예수님의 탄생일을 축하하는 날, 크리스마스 사회3-2
753	세계(世界)	인간, 세상 세 지경 계	온 세상, 우주 전체 국어2-1가 4-1나 6-1나 6-2나 수학2-2 사회3-2 5-2 6-2 과학3-2 4-2 5-2
754	세대(世代)	세상 세 시대 대	연대를 갈라서 나눈 층 국어4-2가,나
755	세배(歲拜)	해 세 절 배	새해를 맞아 웃어른께 절을 하는 예절 국어3-2나
756	세상(世上)	세상 세 위 상	우리가 사는 세계, 또는 한평생 국어1-1나 1-2나 2-1가나 3-2가,나 4-1나 4-2가,나 5-2나 6-2가,나 수학1-1 4-2

번호	단어(한자)	훈(뜻)·음(소리)	뜻풀이·교과서
757	세수(洗手)	씻을 세 손 수	얼굴을 씻음 국어3-1가
758	세월(歲月)	해 세 달 월	흘러가는 시간, 어느 한때 국어3-2나 4-2가 5-2가,나 6-1나 6-2나
759	세제(洗劑)	씻을 세 약제 제	깨끗하게 씻어내는 데 쓰이는 약제 국어2-1나 사회5-1 6-1 과학3-2 5-1 6-1
760	세종(世宗)	세상 세 사당 종	한글을 창제한 조선 제4대 임금 국어1-2나 4-2나 사회5-2
761	세탁(洗濯)	씻을 세 씻을 탁	깨끗이 씻음 수학6-2 사회3-2 6-2 과학6-2
762	소감(所感)	바 소 느낄 감	느낀 바의 생각 국어5-1나 사회4-2
763	소개(紹介)	이을 소 끼일 개	모르는 사이를 중간에서 알도록 맺어줌 국어1-1가 2-2나 3-1나 3-2나 4-1가,나 4-2가,나 5-1가 5-2가,나 6-1가,나 6-2가,나 수학2-1 사회3-2 4-2 6-2 과학4-2 5-1
764	소년(少年)	적을 소 해 년	나이가 어린 사내아이 국어4-1가 5-1가 6-2나
765	소동(騷動)	떠들 소 움직일 동	시끄럽게 떠듦 국어3-2나
766	소득(所得)	바 소 얻을 득	어떤 일의 결과로 얻는 것 사회3-2 4-2 5-1 6-1
767	소란(騷亂)	떠들 소 어지러울 란	시끄럽고 어수선함 국어3-2나 4-1나 4-2나 5-1나 6-2가 사회5-2
768	소모(消耗)	사라질 소 소모할 모	써서 없앰 국어3-1가 6-1나 수학6-2

번호	단어(한자)	훈(뜻)·음(소리)	뜻풀이·교과서
769	소박(素朴)	본디 소 순박할 박	꾸밈이나 거짓이 없이 본래 그대로임 국어2-2가 5-1가 6-2가
770	소비(消費)	사라질 소 쓸 비	물건이나 재화, 시간을 써서 없앰 국어5-1나 수학6-2 사회4-2 5-1 6-1,2 과학6-1
771	소산(所産)	바 소 낳을 산	생산된 바 국어4-2나
772	소송(訴訟)	하소연할 소 송사할 송	법원에 재판을 청구하는 일 사회4-2
773	소수(小數)	작을 소 셈 수	0보다 크고 1보다 작은 실수 수학3-1 4-2 5-2 6-1 사회4-2
774	소식(消息)	소식 소 소식 식	어떤 상황에 대한 사정 국어3-1나 4-1나 4-2나 5-2가 6-1나 6-2가,나 사회4-2 과학6-2
775	소용(所用)	바 소 쓸 용	쓰이는 곳이 있음 국어4-1나 5-1나 5-2나
776	소원(所願)	바 소 원할 원	바라는 바, 이루어지기를 바람 국어1-1가 5-1가,나 5-2나 6-2가
777	소음(騷音)	떠들 소 소리 음	불쾌하고 시끄러운 소리 국어3-1나 사회4-1
778	소장(所藏)	바, 것 소 갈무리할 장	자기의 것으로 간직함 국어4-2나 6-1나 사회6-2
779	소재(素材)	바탕, 본디 소 재목 재	어떤 것을 만드는 데 바탕이 되는 자료 사회4-2 과학4-2
780	소중(所重)	바 소 무거울 중	매우 귀중하게 여김 국어1-1가 1-2가 2-1나 2-2가,나 3-2나 국어4-1나 4-2가,나 5-1가 5-2가, 나 6-1가,나6-2나 수학2-1 6-2 사회5-1 6-1,2 과학3-1 4-2 6-1

번호	단어(한자)	훈(뜻)·음(소리)	뜻풀이·교과서
781	소통(疏通)	소통할 소 통할 통	의견이 상대에게 잘 통함 국어5-2가,나 과학3-1 4-1 사회4-2 5-1 6-1,2
782	소포(小包)	작을 소 쌀 포	조그마하게 포장한 물건 수학1-2 사회3-1
783	소품(小品)	작을 소 물건 품	연극 무대에서 쓰이는 자잘한 물건 국어2-2나 과학4-2
784	소풍(逍風)	거닐 소 경치 풍	학교에서 자연 현장을 찾아보는 일 수학1-1 5-2 사회6-2
785	소홀(疏忽)	소통할 소 소홀할 홀	대수롭지 않음, 데면데면하고 허술함 국어5-1나 5-2가 6-1나 사회4-2
786	소화(消化)	사라질 소 될 화	먹은 음식을 삭임 국어3-1나 4-2가 과학3-1 4-2 6-1,2
787	속담(俗談)	풍속 속 말씀 담	민간에 전해오는 간략하면서 교훈적인 말 국어5-2가 6-1나 6-2가,나 사회3-2
788	속도(速度)	빠를 속 헤아릴 도	빠르기의 정도 국어4-1가 5-2가 6-1나 6-2가,나 수학5-2 사회3-1 4-2 6-2
789	솔직(率直)	좇을, 거느릴 솔 곧을 직	거짓이나 숨김이 없이 바르고 곧음 국어1-1나 1-2나
790	송진(松津)	소나무 송 진액 진	소나무에서 나온 끈적한 액체 과학3-2
791	수거(收去)	거둘 수 갈 거	거두어들이거나 치움 국어5-1가 6-2나 과학4-1
792	수단(手段)	솜씨 수 층계 단	무엇을 하기 위한 솜씨 수학2-1 사회3-1 3-2 5-1 6-1 과학6-2

번호	단어(한자)	훈(뜻)·음(소리)	뜻풀이·교과서
793	수리(修理)	닦을 수 다스릴 리	손보아 고침 국어4-2가
794	수목(樹木)	나무 수 나무 목	나무 과학4-2
795	수목원(樹木園)	나무 수 나무 목 동산 원	여러 가지 나무와 꽃을 심어 가꾸는 곳 국어2-1가
796	수분(水分)	물 수 나눌 분	물을 포함하고 있는 성분 국어3-2나 6-1나
797	수사(搜査)	찾을 수 조사할 사	찾아서 조사함 과학3-1
798	수상(水上)	물 수 위 상	물 위 사회3-1
799	수상(殊常)	다를 수 항상 상	보통과 다름 국어3-2나 4-1가 과학4-2
800	수색(搜索)	찾을 수 찾을 색	구석구석 뒤지어 찾음 국어4-1가
801	수생(水生)	물 수 살 생	물에서 사는 식물 과학4-2
802	수선(修繕)	닦을 수 기울 선	손보아 고침 국어3-2나
803	수선(垂線)	드리울 수 줄 선	드리운 선, 수평에서의 직각인 선 수학4-2
804	수업(受業)	받을 수 업 업	학문이나 기예를 배움 국어2-1가 2-1나 2-2나 3-1나 4-2가,나 5-1가,나 5-2나 6-1가 6-2가,나 수학1-2 4-2 사회3-2 4-2 6-2

번호	단어(한자)	훈(뜻)·음(소리)	뜻풀이·교과서
805	수업(授業)	줄 수 업 업	공부나 기술을 가르쳐줌 국어3-1가 4-1가
806	수영(水泳)	물 수 헤엄칠 영	헤엄, 몸을 움직여 물 위를 떠다님 국어2-2가 수학5-2 과학5-2
807	수정(修訂)	닦을 수 바로잡을 정	서적의 잘못된 내용을 바로 잡음 국어4-2가 6-1가 6-2가 사회6-2
808	수조(水槽)	물 수 통 조	큰 물통 수학3-2 과학3-2 4-2 6-2
809	수족관 (水族館)	물 수 무리(겨레) 족 집 관	물에 사는 고기를 모아 기르며 구경도 시키는 곳 과학3-1
810	수준(水準)	물 수 준할 준	사물의 가치나 등급의 일정한 표준이나 정도 국어4-1나 5-1가 5-2가 6-1나 수학6-1 사회4-2
811	수증기 (水蒸氣)	물 수 찔 증 공기 기	물이 증발하여 생긴 기체 국어1-2나 과학4-2 5-2
812	수직선 (垂直線)	드리울 수 곧을 직 줄 선	선과 선, 면과 면이 만나 직각을 이룬 꼴 수학2-1 2-2 3-2 4-2 5-2
813	수질(水質)	물 수 바탕 질	물의 성분이나 성질 사회4-1,2 5-1 6-1
814	수집(蒐集)	모을 수 모을 집	어떤 물건이나 자료를 찾아 모음 국어5-1가 5-2가 6-2나 수학6-1,2 사회4-1,2 과학3-2 4-2
815	수채(水彩)	물 수 무늬, 채색할 채	물감을 물에 풀어서 그림을 그리는 법 사회4-2
816	수첩(手帖)	손 수 표제, 문서 첩	간단하게 적을 수 있는 손에 드는 공책 국어5-1나 수학1-1 사회4-2

사

번호	단어(한자)	훈(뜻)·음(소리)	뜻풀이·교과서
817	수출(輸出)	보낼 수 날 출	국내의 상품이나 기술을 외국으로 팔아 보냄 국어6-1가 수학4-1 5-2 사회4-1 5-1,2 6-1,2
818	수칙(守則)	지킬 수 법칙 칙	정해진 법이나 규칙을 지킴 국어5-2가 과학3-1 5-2 6-2
819	수평(水平)	물 수 평평할 평	물처럼 평평한 모양 과학4-1
820	수필(隨筆)	따를 수 붓 필	일정한 형식 없이 감상 등을 생각나는 대로 쓴 글 국어4-2나
821	수학(數學)	셈 수 배울 학	셈과 도형에 대하여 연구하는 학문 국어2-1나 3-2가 5-2가 6-1나 수학1-1 과학6-1
822	수행(隨行)	따를 수 갈 행	높은 지위에 있는 사람을 따라감 국어4-1나 6-2나 과학5-2
823	수확(收穫)	거둘 수 거둘 확	거두어들임 국어6-1가,나 수학4-2 6-1 사회4-1 4-2 5-2 과학5-2
824	숙제(宿題)	잘, 묵을 숙 제목 제	학교에서 내주는 과제물 국어1-1나 1-2가 2-1가 3-1가,나 4-2가 5-1가 5-2나 6-1나 6-2나 수학2-2
825	숙직(宿直)	잘 숙 번들 직	직장에서 밤에 숙박하면서 시설물과 건물을 지킴 국어4-2가
826	순간(瞬間)	눈 깜짝할 순 사이 간	눈 깜짝할 동안의 아주 짧은 시간 국어3-2나 4-1나 4-2나 5-1나 5-2가 6-1가,나 6-1가 6-2나 과학5-2 6-1
827	순경(巡警)	돌 순 경계할 경	정해진 구역을 돌아보며 살피는 일, 또는 경찰공무원의 낮은 직급 국어4-2나
828	순번(順番)	차례 순 차례 번	차례로 돌아오는 순서 국어4-1나

번호	단어(한자)	훈(뜻)·음(소리)	뜻풀이·교과서
829	순서(順序)	차례 순 차례 서	정해져 있는 차례 국어1-1가 1-2가 2-1가 2-1나 2-2나 3-2가 4-1나 4-2가,나 5-1가 5-2가,나 6-1가 6-2가 수학1-1,2 2-1,2 3-1 4-1 5-1,2 6-1,2 사회3-2 과학3-2 5-1 6-2
830	순식(瞬息)	눈 깜짝할 순 숨쉴 식	눈 감짝하거나 숨 한번 쉴 사이의 짧은 시간 국어3-1나 5-1가
831	순찰(巡察)	돌 순 살필 찰	돌아다니며(순회하며) 살핌 국어6-2나 수학1-2 사회4-2
832	순환(循環)	돌 순 고리 환	같은 자리를 돌고 돎 국어4-2가 과학5-2
833	습곡(褶曲)	주름 습 골 곡	지층의 모양이 휘어져 주름이 생긴 곳 과학3-2
834	습관(習慣)	익힐 습 버릇 관	되풀이 되는 버릇 국어2-1나2-2나 3-2가 4-1가,나 4-2가,나 5-1가,나 5-2가 6-1나 6-2나 사회5-1 6-1 과학5-2 6-2
835	습기(濕氣)	젖을 습 공기 기	습기가 많은 축축한 공기 국어4-2나 사회3-2 6-2 과학3-2
836	습도(濕度)	젖을 습 헤아릴 도	공기 중에 들어 있는 수증기의 정도 과학4-2 5-2 6-2
837	습지(濕地)	젖을 습 땅 지	축축한 땅, 땅이 주변보다 낮은 곳 사회5-1 6-1 과학4-2 6-1
838	승객(乘客)	탈 승 손 객	자동차, 비행기, 배에 타는 사람 과학4-2
839	승리(勝利)	이길 승 이할 리	싸움이나 경기에서 이김 국어5-2가 수학4-2 사회3-2 5-2 6-2
840	승부(勝負)	이길 승 질 부	이기는 것과 지는 것 사회3-2 5-2

번호	단어(한자)	훈(뜻)·음(소리)	뜻풀이·교과서
841	승진(昇進)	오를 승 나아갈 진	직장에서 직위가 오름 사회4-2
842	시각(時刻)	때 시 시각 각	시간의 흐름속의 어느 한 순간 국어6-2나 수학1-2 2-2 4-2 사회6-2 과학5-1,2
843	시각(視覺)	볼 시 깨달을 각	눈으로 보고 느낌 국어3-2가 6-2나 사회4-2 6-2 과학6-2
844	시간(時間)	때 시 사이 간	어느 때와 어느 때까지의 동안 국어1-2가,나 2-1가 2-2가,나 3-1가 3-1가,나 3-2가,나 4-1나 4-2가,나 5-2가 6-1나 6-2가,나 수학1-2 2-2 3-1 3-2 4-2 사회3-2 6-2 과학4-2 5-2 6-2
845	시계(時計)	때 시 셀 계	시간을 가리키는 기구 국어1-2가 2-1가 수학1-2 2-2 과학5-2 6-1
846	시민(市民)	저자 시 백성 민	그 도시 안에 사는 사람들 수학4-2
847	시상(施賞)	베풀 시 상줄 상	상을 줌, 그 행사 수학4-2
848	시상대(施賞臺)	베풀 시 상줄 상 대 대	상을 주는 높은 단 수학2-2
849	시설(施設)	베풀 시 베풀 설	설비를 베풀어서 갖춤 국어2-2나 4-1나 4-2가 5-2가,나 사회3-1 3-2 4-1,2 5-1 6-1,2 과학6-2
850	시작(始作)	비로소 시 지을 작	처음으로 하거나 쉬었다가 다시 함 국어1-2가,나 2-1나 2-2가,나 3-2가,나 4-1나 4-2가,나 5-2가,나 6-2가,나 수학1-2 2-1 2-2 3-2 4-2 5-1 사회3-2 4-2 과학5-2 6-1
851	시장(市場)	저자 시 마당 장	물건을 사고파는 곳 국어1-2가 2-1나 2-2가 4-2가,나 6-2가,나 수학1-2-1 사회3-1 3-2 4-2 5-1 6-1
852	시절(時節)	때 시 절기, 때 절	사람의 일생을 구분한 한동안, 한때, 또는 철, 좋은 시기　국어3-2나 5-1나 5-2가 6-2가,나 사회3-2

번호	단어(한자)	훈(뜻)·음(소리)	뜻풀이·교과서
853	시청(視聽)	볼 시 들을 청	보고 들음 국어4-1나 사회4-2 5-1 6-1
854	시험(試驗)	시험할 시 시험할 험	학력을 필기나 구술로 알아보는 일 국어2-2가 3-1나 5-2나 6-2가,나 수학6-2 사회5-1,2 6-1 과학4-2
855	시화(詩畫)	시 시 그림 화	시의 내용에 부합하는 그림을 그려 넣음 국어4-2가 ※참고 : 화(畫)=화(畵)는 같이 사용
856	식구(食口)	밥, 먹을 식 인구, 입 구	끼니를 같이하는 가족 국어2-2나 4-2나 5-2가 6-2가,나 사회4-2
857	식단(食單)	먹을 식 홑 단	먹을 음식의 종류와 순서를 짠 표 국어4-2나
858	식당(食堂)	밥, 먹을 식 집 당	음식을 만들어 팔거나 밥을 먹는 곳 국어4-1나 6-1가 6-2나 수학2-2 6-1,2 사회6-2
859	식량(食糧)	먹을 식 양식 량	살아가는 데 필요한 먹거리 국어4-1나 6-1나 사회4-2 5-2 6-2
860	식물(植物)	심을 식 물건 물	생명체 중에서 나무·풀·꽃·바다풀 등 국어2-1가 2-2가 2-2나 3-1나 4-1가 5-1가 6-2가 사회5-2 과학3-2 4-1,2 5-1 6-1,2
861	식물원 (植物園)	심을 식 만물 물 동산 원	여러 가지 식물을 모아 키우면서 구경시키는 곳 수학2-2
862	식사(食事)	밥, 먹을 식 일 사	끼니로 음식을 먹는 일. 또는 그 음식 국어1-2나 4-1나 수학6-2 사회3-2 4-2 6-2 과학4-2
863	식충(食蟲)	밥 식 벌레 충	밥만 먹고 사는 벌레, 그런 사람을 낮추는 말 과학4-2
864	식탁(食卓)	밥, 먹을 식 탁자, 높을 탁	밥이나 음식을 차려 먹는 높은 상 국어1-2나 6-1나 6-2나 수학2-2 4-2 사회3-2 6-2

번호	단어(한자)	훈(뜻)·음(소리)	뜻풀이·교과서
865	식판(食板)	밥 식 널 판	밥과 반찬을 담는 넓적한 그릇 국어3-1가 5-2가 수학2-1 과학5-1
866	식품(食品)	먹을, 밥 식 물건 품	사람이 일상적으로 섭취하는 음식물 국어6-2나 수학6-1,2 사회3-2 6-2
867	신경(神經)	정신 신 길 경	사물을 감각하거나 생각하는 힘 국어4-2가 5-2가 6-1가 6-2나 사회5-1 6-1 과학5-2
868	신고(申告)	아뢸 신 알릴 고	행정관청에 일정한 사실을 진술하는 일 국어2-2나 6-2나 과학6-2
869	신기(神奇)	귀신 신 기특할 기	신묘하고 이상야릇함 국어1-1나 1-2가 1-2나 2-1나 2-2가 3-2나 4-1가 4-2가,나 5-1가,나 5-2가 6-2가,수학4-2 6-2 과학6-1,2
870	신랑(新郎)	새 신 사내 랑	곧 결혼할 남자나 갓 결혼한 남자 사회3-2
871	신령(神靈)	귀신 신 신령 령	신기하고 영묘함 국어3-1나 4-2가
872	신문(新聞)	새 신 들을 문	새로운 소식이나 정보를 전하는 간행물 국어2-1나 3-2가 4-1가 4-2가,나 6-1가,나 6-2가,가 수학1-1 2-2 4-2 사회3-1 4-2 6-2
873	신부(新婦)	새 신 아내 부	곧 결혼할 여자나 갓 결혼한 여자 사회3-2
874	신비(神祕)	귀신 신 숨길 비	아주 신기한 비밀 ※비(祕)는 秘(비)의 본자(本字). 같이 사용 국어4-2가 5-2가,가 6-2가 사회5-2 과학4-1
875	신선(新鮮)	새 신 고울 선	새롭고 산뜻함, 싱싱함 국어4-2가 사회6-2 과학6-1
876	신성(神聖)	귀신 신 성인 성	신과 같이 성스러움 사회3-2 5-2

번호	단어(한자)	훈(뜻)·음(소리)	뜻풀이·교과서
877	신세(身世)	몸 신 세상 세	사람의 처지나 형편 국어4-2가 5-1가
878	신속(迅速)	빠를 신 빠를 속	매우 빠름 사회6-2 과학4-2
879	신음(呻吟)	끙끙거릴 신 읊을 음	앓는 소리를 냄 국어4-2가
880	신중(愼重)	삼갈 신 무거울 중	매우 조심성이 있음 국어2-2가 3-2나 5-1가,나
881	신체(身體)	몸 신 몸 체	사람의 몸 국어6-2나 수학4-2
882	신통(神通)	귀신 신 통할 통	대견하고 훌륭함. 점이나 약효가 영묘함 국어2-2가
883	신하(臣下)	신하 신 아래 하	임금을 섬기어 벼슬을 하는 사람 국어4-1나 6-2가 수학4-2 사회5-2 과학5-2
884	신호(信號)	믿을 신 부를, 이름 호	일정한 부호에 의해 의사를 전함 국어2-2가 3-2나 4-1가 4-2나 5-1나 5-2가 사회3-1 4-2 과학4-2 5-2 6-2
885	실감(實感)	참, 실제 실 느낄 감	사실이나 실제처럼 느껴짐 국어1-2가 1-2나 2-2가 2-2나 3-1가 3-2가,나 4-1가 5-2가,나 사회6-2 과학5-2
886	실내(室內)	집, 방 실 안 내	방이나 건물 따위의 안 국어2-2나 사회3-2 과학5-1,2
887	실력(實力)	참, 실제 실 힘 력	실제로 일을 해낼 수 있는 능력 국어3-2나 5-1가 5-2나 6-2가
888	실망(失望)	잃을 실 바랄 망	희망이 없어짐 국어1-2나 2-2나 4-1나 4-2가 6-2가

번호	단어(한자)	훈(뜻)·음(소리)	뜻풀이·교과서
889	실수(失手)	잃을 실 솜씨 수	잘하려다가 잘못을 저지름 국어1–2나 2–2나 3–1가 4–2가,나 5–1가,나 5–2나 6–2가
890	실시(實施)	실제 실 베풀 시	실제로 시행함 국어6–2나 사회4–2 6–2 과학6–1
891	실용(實用)	실제, 참 실 쓸 용	생활에 실제적으로 쓰임이 있음 국어4–2가
892	실제(實際)	참, 실제 실 즈음 제	거짓이 아닌 실제의 경우 국어1–1나 4–1나 5–1가 5–2가,나 6–1가 6–2가,나 수학2–1 2–2 3–2 6–1,2 사회4–2 5–2 6–2 과학3–2 5–2 6–1
893	실조(失調)	잃을 실 고를 조	조절하는 기능을 잃어버림 국어4–1나
894	실천(實踐)	참, 실제 실 밟을 천	실제로 이행함 국어2–2가 2–2나 3–2가 4–1가 4–2가,나 5–1가,나 5–2나 6–1나 6–2가 사회5–1,2 6–1,2 과학4–2 5–2 6–1,2
895	실패(失敗)	잃을 실 패할 패	일을 잘못하여 그르침 국어4–1가 5–1나 사회5–1,2 6–1 과학6–1
896	실행(實行)	참, 실제 실 행할 행	실제로 행함 사회4–1
897	실험(實驗)	참, 실제 실 시험할 험	실제로 시험해 봄 국어3–1나 3–2나 4–2가 5–2나 6–2나 수학3–2 5–1 6–1 과학3–1 3–2 4–2 5–1,2 6–1,2
898	실현(實現)	참, 실제 실 나타날 현	실제로 나타나거나 나타냄 국어6–2가 사회4–2
899	심장(心臟)	마음 심 오장 장	혈액순환의 원동력이 되는 내장 국어5–1나 5–2가 수학2–2 과학4–2 5–2
900	악기(樂器)	노래 악 그릇 기	노래를 연주하는 기구 국어5–2가 6–2가 수학1–2 2–1 과학3–2 6–1

번호	단어(한자)	훈(뜻)·음(소리)	뜻풀이·교과서
901	악취(惡臭)	악할 악 냄새 취	아주 나쁜 냄새 사회4-1,2 과학6-1
902	안경(眼鏡)	눈 안 거울 경	시력을 돕기 위해 쓰는 기구 국어3-2나 5-2가 수학4-2 사회3-1 4-2 과학4-2 5-2
903	안내(案內)	경계, 책상 안 안 내	인도하여 내용을 알려 줌 국어3-1가 6-2나 수학3-2 4-2 5-1 6-2 사회4-2 6-2
904	안내판 (案內板)	책상, 안건 안 안 내 널 판	인도하여 내용을 알려 주는 그림판 수학1-1 사회3-2
905	안녕(安寧)	편안할 안 편안할 녕	몸과 마음이 걱정 없이 편안함 국어1-2가 1-2나 2-1나 3-1가,나 3-2가,나 4-1나 4-2나 5-2가,나 6-1나 6-2가
906	안대(眼帶)	눈 안 띠 대	눈을 가려 보호하는 천 조각 과학4-1
907	안부(安否)	편안할 안 아닐 부	편안함과 편안하지 못함, 문안 인사 국어4-2가
908	안심(安心)	편안할 안 마음 심	마음이 편안함 국어4-1나 5-2나 사회4-2
909	안전(安全)	편안할 안 온전할 전	몸이나 마음이 편하여 걱정이 없음 국어4-2가 5-2가 6-1나 6-2나 수학1-1 사회4-2 5-1 6-1 과학3-1 5-2 6-2
910	안정(安定)	편안할 안 정할 정	사물이 안전하게 자리 잡음 국어4-2가 사회4-2 5-2 과학6-1
911	암벽(巖壁)	바위 암 벽 벽	바위 낭떠러지 국어6-1가 사회4-2
912	암석(巖石)	바위 암 돌 석	바위, 바윗돌 과학3-2 4-1

번호	단어(한자)	훈(뜻)·음(소리)	뜻풀이·교과서
913	암송(暗誦)	남몰래 암 욀 송	머릿속에 외워두고 보지 않고 읽음 국어3-1가
914	암호(暗號)	어두울 암 부를 호	당사자끼리만 알도록 만든 부호나 신호 수학2-1 4-2 6-2
915	압축(壓縮)	누를 압 줄일 축	압력으로 부피를 줄임 과학3-2 4-2 5-2
916	애국가(愛國歌)	사랑 애 나라 국 노래 가	우리나라를 사랑하는 뜻에서 부르는 노래 사회4-2
917	애완(愛玩)	사랑 애 즐길 완	가까이 두고 사랑하며 즐김 국어4-1가 5-1나
918	애처(哀悽)	슬플 애 슬퍼할 처	가엽고 불쌍함 국어4-1가
919	액수(額數)	한도 액 셈 수	돈의 머릿수, 돈의 얼마 국어3-2나
920	액자(額子)	편액 액 접미사 자	사진, 그림, 모형 등을 걸어 놓는 틀 수학2-2 6-2
921	액체(液體)	액(진) 액 몸 체	물이나 기름과 같이 유동하는 물질 국어5-2 과학3-1 3-2 4-2 5-1,2 6-2
922	액화(液化)	진 액 될 화	고체나 기체를 액체로 변화시킴 과학4-1
923	야구(野球)	들 야 공 구	두 팀으로 나누어 들판에서 방망이로 공을 치고 받고 하는 공 놀이 사회4-2
924	야단(惹端)	이끌 야 끝 단	매우 떠들썩하고 부산하게 일을 벌임 국어4-2가 5-2나 6-2가,나 사회6-2

번호	단어(한자)	훈(뜻)·음(소리)	뜻풀이·교과서
925	야생(野生)	들 야 살 생	들에서 저절로 태어나 자람 국어4-2가 6-2나 수학4-2 사회5-1 6-1
926	야외(野外)	들 야 바깥 외	들판, 교외 또는 집 밖 국어2-2나 3-2나 과학5-2
927	약과(藥果)	약 약 과자 과	우리나라 고유방식으로 만든 유밀과 등 국어3-1나
928	약속(約束)	맺을 약 묶을 속	어떤 일을 어떻게 하기로 의견을 맞춤 국어1-2나 2-1가,나 2-2나 3-1가 4-1가,나 5-1가 5-2나 6-1가,나 6-2나 수학1-2 사회3-1 4-2 5-2 6-2 과학6-2
929	약수(藥水)	약 약 물 수	약효가 있는 샘물 국어4-2나 수학4-2
930	약초(藥草)	약 약 풀 초	약의 성분이 있는 풀 국어2-2가 수학5-1 사회4-2
931	양말(洋襪)	외국, 큰 바다 양 버선 말	발을 보호하기 위해 신는 서양식 버선 국어2-2가 4-2가 사회3-2
932	양반(兩班)	두 양 반열 반	조선시대, 지체나 신분이 높은 사람 국어2-2가 4-2나 사회5-2
933	양보(讓步)	사양할 양 걸음 보	제 주장을 굽혀 남의 의견을 따름 국어3-2나 4-1가 5-1가 6-1가
934	양복(洋服)	외국, 큰 바다 양 옷 복	서양식의 옷 사회3-2
935	양분(養分)	기를 양 나눌 분	영양이 되는 성분 국어5-1가 과학4-2 5-1 6-1,2
936	양산(陽傘)	볕 양 우산 산	햇볕을 가리기 위해 접고 펼 수 있는 기구 국어4-2가

번호	단어(한자)	훈(뜻)·음(소리)	뜻풀이·교과서
937	양성(兩性)	두 양 성질 성	남자와 여자, 암수 사회4-2
938	양식(糧食)	양식 양 먹을 식	살아가는 데 필요한 먹을거리 국어4-2가
939	양옥(洋屋)	외국, 서양 양 집 옥	서양식으로 지은 집 사회3-2 4-1
940	양육(養育)	기를 양 기를 육	길러 자라게 함 사회4-2
941	양지(陽地)	볕 양 땅 지	햇볕이 잘 드는 곳 국어2-1나 4-1나 6-1나 과학4-2
942	어민(漁民)	고기잡을 어 백성 민	고기잡이를 직업으로 살아가는 사람 국어4-1나
943	어부(漁夫)	고기잡을 어 사내 부	고기잡이를 직업으로 하는 사람 국어4-1나
944	어색(語塞)	말씀 어 막힐 색	서먹서먹하고 멋쩍으며 쑥스러움 국어2-1나 2-2나 3-2가 6-1나 6-2나 사회3-2
945	어선(漁船)	고기잡을 어 배 선	고기잡이를 하는 배 국어4-1나 사회6-2
946	어업(漁業)	고기잡을 어 업 업	고기를 잡거나 김, 미역을 따는 일 사회4-1 5-2
947	어촌(漁村)	고기잡을 어 마을 촌	고기잡이를 직업으로 하여 사는 마을 사회3-1 4-1
948	억양(抑揚)	누를 억 날릴 양	목소리를 높이거나 내림 사회3-2

번호	단어(한자)	훈(뜻)·음(소리)	뜻풀이·교과서
949	억울(抑鬱)	누를 억 답답할 울	억눌려 마음이 답답함 국어4-2나 5-1가 6-2나 사회6-2
950	억지(抑止)	누를 억 그칠 지	억눌러서 못하게 함 국어3-2나 6-1나 사회6-2
951	언어(言語)	말씀 언 말씀 어	생각과 느낌을 말소리로 주고받음 국어4-1나 5-2나 수학6-2 사회4-2 6-2
952	엄격(嚴格)	엄할 엄 격식 격	엄중하여 용서하지 않음 사회4-2
953	여가(餘暇)	남을 여 겨를, 틈 가	남은 시간, 겨를, 틈 국어4-1나 4-2가 6-1나 6-2나 수학6-2 사회3-1 5-1,2 6-1
954	여건(與件)	줄 여 조건 건	주어진 조건 수학4-2 사회6-2
955	여부(與否)	허락할 여 아닐 부	그러함과 그러하지 아니함 사회4-2
956	여유(餘裕)	남을 여 넉넉할 유	정신적, 시간적, 경제적 남음이 있음 국어4-1나 4-2가 5-2가 6-1나 6-2가 사회5-1 6-1
957	여의주(如意珠)	남을 여 뜻 의 구슬 주	불교에서 모든 소원을 들어준다는 신기한 구슬 사회3-2
958	여자(女子)	계집 여 딸 자	여성으로 태어난 사람 국어2-2가 6-2가
959	여전(如前)	같을 여 앞 전	앞에 있던 것과 같음 국어2-2나 4-2가 5-2가 6-2가,나 사회5-2
960	여행(旅行)	다닐 여 다닐 행	다른 지방이나 다른 나라를 구경다님 국어1-1가 1-2나 2-2가 5-1나 5-2가,나 6-1가,나 6-2가,나 수학2-1 2-2 6-2 사회3-1 4-2 6-2 과학4-2 6-2

번호	단어(한자)	훈(뜻)·음(소리)	뜻풀이·교과서
961	역경(逆境)	거스를 역 지경 경	일이 뜻대로 되지 않아 불운한 처지 국어4-1나 5-1나
962	역사(歷史)	지날 역 사기 사	인류사회의 흥망과 변천의 과정 국어4-1나 4-2나 5-2가,나 6-1나 6-2가,나 사회4-1,2 5-2 6-2
963	역암(礫巖)	조약돌 역 바위 암	자갈이나 모래가 굳어져 생긴 암석 과학3-2
964	역할(役割)	부릴 역 나눌 할	어떤 자격으로 마땅히 해야 할 일 국어1-2가,나 2-1가 2-2가,나 3-1가,나 3-2가,나 4-1가 4-2가,나 5-2가 6-1가 6-2가,나 수학2-1 3-2 4-2 6-2 사회4-2 5-2 6-2 과학3-1 4-1,2 5-1,2 6-1,2
965	연결(連結)	이을 연 맺을 결	서로 이어지게 맺음 국어1-2가 2-1나 3-1가 4-2나 5-1가,나 5-2가 6-2가,나 수학4-2 5-1 6-2 사회4-2 5-1 6-1,2 과학3-2 4-2 5-2 6-1,2
966	연구(研究)	갈 연 연구할 구	사물의 이치를 과학적으로 밝혀내는 일 국어1-1가 4-2가 5-1나 5-2가,나 6-1가 6-2가,나 수학1-1 5-1 사 회3-1 6-2 과학 3-1 3-2 4-1,2 5-2 6-2
967	연극(演劇)	연기할 연 연극 극	배우가 무대 위에서 각본에 따라 행동하는 것 국어3-1나 4-2나 6-1나 6-2나 과학4-2
968	연기(煙氣)	연기 연 공기 기	물건이 탈 때 생기는 뿌옇고 검은 기체 국어2-1나 5-2나 6-2나 사회3-2 6-2 과학4-2 5-2 6-1
969	연등(蓮燈)	연꽃 연 등 등	불교에서 연꽃 모양으로 만들어 다는 등 사회3-2
970	연락(連絡)	이을 연 이을 락	서로 관계를 맺음 국어4-2가 수학2-2 6-2 사회4-2 5-2 6-2
971	연령(年齡)	해 연 나이 령	나이 수학6-2 사회4-2
972	연료(燃料)	탈 연 재료 료	열, 동력을 얻기 위한 재료의 총칭 국어2-1나 수학4-2 5-2 6-2 사회5-1 6-1 과학3-1 3-2 4-1 5-2 6-1,2

번호	단어(한자)	훈(뜻)·음(소리)	뜻풀이·교과서
973	연세(年歲)	해 연 해 세	어른의 '나이'를 높여 이르는 말 수학1-2
974	연속(連續)	이을 연 이을 속	끊이지 않고 이어짐 수학3-2
975	연습(練習)	익힐 연 익힐 습	배운 것을 되풀이하여 익힘 국어1-1나 1-2나 2-1가 2-2가,나 3-1나 3-2가,나 4-2가 5-1가 5-2가 6-1가 6-2가 수학1-1 사회3-2 과학3-2 4-2 6-1
976	연안(沿岸)	물따라갈 연 언덕 안	바다나 강가에 잇닿은 언덕 사회3-1
977	연약(軟弱)	부드러울 연 약할 약	몸이 약하고 의지가 굳지 못함 사회4-2
978	연예(演藝)	펼 연 재주 예	관중 앞에서 노래·춤을 공연함, 그런 재주 사회4-2
979	연주(演奏)	연주할, 펼 연 연주할 주	악기를 다루어 음악을 들려줌 국어1-2가 5-2가 6-2가 수학6-2 사회3-2 과학3-2 6-1
980	연필(鉛筆)	납 연 붓 필	흑연 심을 박은 나무로 만든 필기구 국어1-1가 2-2가 3-1가 수학2-1 6-1
981	열기구 (熱器具)	더울 열 그릇 기 갖출 구	뜨거운(가벼운) 공기를 불어 넣어 띄우는 풍선 수학2-2
982	열량(熱量)	더울 열 헤아릴 량	열을 에너지의 양으로 표시한 것 수학3-2 6-2
983	열심(熱心)	더울 열 마음 심	어떤 일에 깊이 마음을 쏟음 국어1-1나 1-2가,나 2-1가,나 2-2나 3-1가,나 4-1나 4-2가,나 5-2가,나 6-2가,나 수학1-2 사회6-2
984	열차(列車)	줄 열 수레 차	기관차에 여러 대의 객차나 화물차를 연결한 차량 사회3-1 5-1 6-1

번호	단어(한자)	훈(뜻)·음(소리)	뜻풀이·교과서
985	염려(念慮)	생각 염 생각 려	잘 되기를 바라는 마음을 써줌 국어1-2가 3-2나
986	염산(鹽酸)	소금 염 실(신맛) 산	염화수소의 수용액. 간장, 물감, 약품에 쓰임 과학3-2 5-2
987	엽서(葉書)	잎 엽 글 서	봉투 없이 한 장으로 된 편지 국어2-2나
988	엽전(葉錢)	잎 엽 돈 전	놋쇠로 만든 옛날의 돈 수학2-2
989	영광(榮光)	영화 영 빛 광	빛나는 명예 국어3-2나 5-2나 6-2가
990	영상(映像)	비출 영 형상 상	광선으로 비쳐주는 물체의 모양(그림) 국어3-2가 4-1나 4-2나 국어5-2가,나 6-2가,나 사회4-2 5-1 6-1 과학5-2
991	영수증(領收證)	받을 영 거둘 수 증거 증	돈을 받은 증거로 주는 종이쪽지 수학6-2 사회4-2
992	영양(營養)	경영할 영 기를 양	생명 유지에 필요한 성분을 섭취하는 작용 국어4-1나 5-1나 5-2가,나 6-1나 6-2가 사회4-2 6-2
993	영어(英語)	영국 영 말씀 어	영국이나 미국에서 쓰는 말과 글 국어4-2나 6-1나 수학1-1
994	영점(零點)	영(zero) 영 점 점	온도계나 저울의 기준점 과학4-1
995	영토(領土)	거느릴 영 땅, 흙 토	한 나라의 통치권이 미치는 범위 국어5-1나 6-1가 6-2가 사회5-1,2 6-1 6-2 과학4-2
996	영향(影響)	그림자 영 울릴 향	한 사물의 작용이 다른 사물에 미치는 현상 국어5-1가 5-2가,나 6-1나 6-2가,나 사회3-2 4-2 5-1,2 6-1,2 과학4-1,2 5-1,2 6-1

번호	단어(한자)	훈(뜻)·음(소리)	뜻풀이·교과서
997	영화(映畫)	비칠 영 그림 화	촬영한 필름을 돌려 실제처럼 보이게 함 국어1-2가 2-2가 3-1가,나 4-1나 4-2나 5-2가 6-2나 수학1-1 6-2 사회4-2 과학3-2 ※참고 : 화(畵)=화(畫)는 같이 사용
998	예각(銳角)	날카로울 예 뿔 각	직각(90도)보다 작은 각 수학4-1
999	예리(銳利)	날카로울 예 날카로울 리	감정이나 느낌이 날카로움 국어4-1가
1000	예매(豫買)	미리 예 살 매	기차표 등을 정한 날짜보다 미리 사 둠 사회4-1
1001	예방(豫防)	미리 예 막을 방	일이 생기지 전에 미리 막음 국어4-2가 5-1가 5-2가 6-1가 6-2나 수학1-2 6-2 사회3-2 4-1 6-2 과학6-2
1002	예배(禮拜)	예도 예 절 배	신이나 부처를 공경하여 절이나 기도함, 또는 교회에서 성경을 읽고 기도하는 의식 국어5-1나 사회3-2
1003	예보(豫報)	미리 예 알릴 보	미리 예측하여 알려줌 국어2-1나 4-1나 4-2나 5-1나 수학5-2 과학5-2
1004	예산(豫算)	미리 예 셈 산	써야 할 돈을 미리 정해 놓음 사회4-1 6-2
1005	예상(豫想)	미리 예 생각 상	미루어 생각해봄. 미리 생각함 국어3-2나 5-1나 5-2가,나 국어6-1가,나 6-2나 수학1-2 3-2 4-1,2 5-1,2 6-2 사회4-1 4-2 과학3-1,2 4-1 5-1 6-1,2
1006	예술(藝術)	재주 예 재주 술	아름다움을 창조하고 표현하는 인간의 활동 국어4-2나 6-2가 사회4-2 5-2 과학4-1
1007	예약(豫約)	미리 예 맺을 약	정해진 날짜보다 미리 앞서 약속함 사회4-2
1008	예의(禮儀)	예도 예 거동 의	사람이 지켜야 할 예절과 법도 국어1-2가 2-1나 3-2가 5-2가

번호	단어(한자)	훈(뜻)·음(소리)	뜻풀이·교과서
1009	예절(禮節)	예도 예 예절 절	예의와 절차, 예의범절 국어3-1가 4-1가,나 4-2가 5-2가,나 6-1나 사회3-2 5-1 6-1
1010	예정(豫定)	미리 예 정할 정	앞으로의 일을 미리 정함 사회3-1 4-2 6-2
1011	예측(豫測)	미리 예 헤아릴 측	미리 헤아려봄 국어3-2가,나 5-2나 과학5-2 6-1
1012	오답(誤答)	그르칠 오 대답할 답	물음에 대한 잘못된 답 과학4-2
1013	오락(娛樂)	즐길 오 즐길 락	노래나 춤 등으로 즐겁게 노는 일 국어4-1나
1014	오염(汚染)	더러울 오 물들 염	더럽게 물이 듦 국어2-1나 6-1나 6-2가 수학5-2 사회3-1 4-1,2 5-1 6-1,2 과학3-2 4-2 5-2 6-1,2
1015	오전(午前)	낮 오 앞 전	낮 12시 이전 사회3-2 과학6-1
1016	오후(午後)	낮 오 뒤 후	낮 12시 이후 국어4-2가 6-2나 사회3-2 과학6-1
1017	온난(溫暖)	따뜻할 온 따뜻할 난	따뜻함 국어5-2나 6-1나 수학4-2 5-2 사회5-1 6-1,2 과학3-2 4-2 6-1,2
1018	온난화(溫暖化)	따뜻할 온 따뜻할 난 될 화	따뜻하게 변함 과학4-1
1019	온도(溫度)	따뜻할 온 헤아릴 도	덥고 찬 정도 국어5-2나 6-2가 수학5-2 6-2 사회3-2 과학4-1 4-2 5-1 6-1,2
1020	온돌(溫突)	따뜻할 온 굴뚝 돌	방을 따뜻하게 하기 위해 깔아놓은 방구들 사회3-2 과학6-2

번호	단어(한자)	훈(뜻)·음(소리)	뜻풀이·교과서
1021	온실(溫室)	따뜻할 온 방, 집 실	따뜻하게 꾸민 방 수학5-2 사회4-1 6-2
1022	온전(穩全)	평안할 온 온전할 전	본바탕 그대로 고스란히 있음 국어3-2가 사회6-2
1023	완벽(完璧)	완전할 완 구슬 벽	모자라거나 흠잡을 데 없이 완전함 국어5-1나 사회6-2 과학4-2
1024	완성(完成)	완전할 완 이룰 성	완전히 다 이룸 국어1-1가,나 1-2가,나 2-1나 2-2나 3-1가 3-2가 4-1나 4-2가,나 6-2가 수학1-1,2 2-1,2 3-1 4-2 5-1,2 6-1,2 사회3-2 과학5-1,2 6-2
1025	완전(完全)	완전할 완 온전할 전	필요한 것이 모두 갖추어져 있음 국어2-2가 3-2가 5-2나 6-2가,나 수학3-2 5-2 사회6-2 과학3-1 4-2
1026	왕관(王冠)	임금 왕 갓 관	임금이 머리에 쓰는 관 국어2-1가 3-2나
1027	왕비(王妃)	임금 왕 왕비 비	임금의 아내 사회4-2 5-2
1028	왕자(王子)	임금 왕 아들 자	임금의 아들 국어2-1가 3-2가
1029	왕조(王朝)	임금 왕 조정 조	왕이 직접 다스리는 나라 사회4-2
1030	왜적(倭賊)	왜나라 왜 도둑 적	일본의 해적을 얕잡아 부르는 말 국어5-2가 과학4-2
1031	외국(外國)	바깥 외 나라 국	다른 나라 국어3-1가 6-2가,나 수학2-2
1032	외모(外貌)	바깥 외 모양 모	겉으로 본 생김새 사회4-2 6-2

번호	단어(한자)	훈(뜻)·음(소리)	뜻풀이·교과서
1033	외식(外食)	바깥 외 먹을 식	음식점이나 바깥에서 밥을 먹음 사회4-2
1034	외출(外出)	바깥 외 날 출	집이나 건물, 회사에서 바깥으로 나감 국어2-2가 5-2가 사회4-2 5-2
1035	요구(要求)	요구할 요 구할 구	달라고 청함 국어3-2가 6-2나 사회4-1
1036	요금(料金)	헤아릴 요 돈 금	사용한 것에 비례하여 내는 돈 수학4-2 사회4-2
1037	요란(擾亂)	어지러울 요 어지러울 란	시끄럽고 어지러움 국어4-2가 5-1나 5-2나 6-1나
1038	요리(料理)	재료 요 다스릴 리	음식을 맛있게 만듦 국어3-2가 5-1나 사회3-2 6-2 과학3-2 4-1 6-2
1039	요소(要素)	요긴할 요 본디 소	없어서는 안 될 근본적인 조건 국어4-1가 5-2나 6-2가 수학6-1,2
1040	요술(妖術)	요사할 요 재주 술	사람의 눈을 어리게 하여 이상한 일을 보여줌 국어1-2나 6-2가
1041	요약(要約)	요긴할 요 줄일 약	중요한 것만 가려서 줄임 국어4-1나 5-1나 5-2가,나 6-1가,나 6-2가,나
1042	요양(療養)	병고칠 요 기를 양	병을 조심하며 치료함 국어4-2나 사회4-2
1043	요일(曜日)	요일, 빛날 요 날 일	한 주일의 각 날을 이르는 말 국어5-2가 수학2-1
1044	요정(妖精)	요사할 요 정할 정	요사한 일을 벌이는 정령(신령) 국어4-1나 6-2가 수학2-1

번호	단어(한자)	훈(뜻)·음(소리)	뜻풀이·교과서
1045	요청(要請)	요구할 요 청할 청	필요한 일을 해달라고 함 국어4-1가 5-2가 6-1가 수학4-2 6-2 사회5-2 6-2
1046	욕설(辱說)	욕될 욕 말할 설	남을 욕하는 말, 남을 저주하는 말 국어4-2나 5-1나 5-2나
1047	욕실(浴室)	목욕할 욕 방, 집 실	목욕과 세수를 하는 곳 국어4-1가 수학2-1
1048	욕심(慾心)	욕심 욕 마음 심	지나치게 탐내고 가지고 싶어 하는 마음 국어2-2가 3-1가,나 3-2나 4-1나 4-2가 사회5-2
1049	용감(勇敢)	날랠 용 굳셀 감	씩씩하고 겁이 없으며 기운참 국어2-1나 4-1가 5-1나 6-2나
1050	용궁(龍宮)	용 용 집 궁	물속에 있다는 상상(전설)의 궁궐 국어3-2나
1051	용기(勇氣)	날랠 용 기운 기	씩씩하고 굳센 기운 국어3-1나 4-1가 5-1가 5-2가 6-2나
1052	용기(容器)	담을 용 그릇 기	물이나 물건을 담는 그릇 국어5-2나 수학3-2 6-2 과학4-2 5-1 6-2
1053	용서(容恕)	받아들일 용 용서할 서	잘못이나 죄를 꾸짖지 않고 끝냄 국어2-1가 3-1가,나 4-1나 5-1가 5-2가
1054	용암(鎔巖)	녹을 용 바위 암	화산이 분출할 때 흘러내리는 마그마 사회5-1 6-1 과학4-1
1055	용왕(龍王)	용 용 임금 왕	물속에 있다는 상상의 용궁의 왕 국어3-2나
1056	용지(用紙)	쓸 용 종이 지	쓸 수 있는 종이 수학3-2 6-2 과학6-1

번호	단어(한자)	훈(뜻)·음(소리)	뜻풀이·교과서
1057	용품(用品)	쓸 용 물건 품	무엇을 하는 데 쓰이는 물품 수학1-1 사회4-2 6-2 과학4-2 5-1
1058	우대(優待)	넉넉할 우 대접할 대	특별히 잘 대우함 사회4-2 5-2
1059	우산(雨傘)	비 우 우산 산	비를 피하기 위한 접었다 펼 수 있는 기구 국어2-1가 3-2나 4-1나 4-2가 5-1가 6-1가 수학2-2 과학4-2 5-2
1060	우승(優勝)	넉넉할 우 이길 승	경기, 경주 따위에서 이겨 첫째를 차지함 국어2-2가 수학2-2
1061	우아(優雅)	넉넉할 우 우아할 아	아름다운 품위가 있어 보이는 모양 국어2-2가 사회4-2
1062	우유(牛乳)	소 우 젖 유	암소의 젖 국어2-2가 3-2나 6-2나 수학6-1 사회4-2 과학4-1
1063	우주(宇宙)	집 우 집 주	무한한 시간과 만물을 포함하고 있는 끝없는 공간의 총체 국어5-1가 6-1가,나 6-2나 수학5-1 6-2 사회3-1 6-2 과학3-2 6-1
1064	우체국 (郵遞局)	우편 우 갈릴 체 판 국	우편을 모으고 배달하는 곳 사회3-1
1065	우편(郵便)	우편 우 편할 편	편지나 물품을 전함 국어4-1가,나 4-2가 5-2가 6-2가
1066	우표(郵票)	우편 우 표 표	우편물에 수수료를 낸 증명을 붙인 종이 수학1-2
1067	운동(運動)	옮길 운 움직일 동	건강을 위하여 몸을 움직임 또는 목적 달성을 위하여 여러 방면으로 적극적으로 행동함 국어1-2 2-1가 3-1가 3-2가 4-1나 4-2가,나 5-2나 6-1가 6-2가 수학1-2 2-1나 2-1 2-2 3-2 4-2 사회3-2 4-2 6-2 과학5-2 6-2
1068	운반(運搬)	옮길 운 옮길 반	이동하여 옮김 국어6-2가 사회3-1 4-2 과학3-1 3-2 5-2 6-1

번호	단어(한자)	훈(뜻)·음(소리)	뜻풀이·교과서
1069	운석(隕石)	떨어질 운 돌 석	우주에서 땅 위에 떨어진 별, 별똥별 과학4-2
1070	운영(運營)	옮길 운 경영할 영	어떤 일이나 조직을 운용하여 경영함 국어4-1나 4-2가 5-2나 6-2가 사회4-1,2 5-2 6-2
1071	운전(運轉)	옮길 운 구를 전	기계나 자동차를 움직여 부리는 일 사회4-2 과학3-2 6-1
1072	운항(運航)	옮길 운 배, 날 항	배 또는 비행기가 정해진 항로나 목적지를 오고 감 과학4-1
1073	운행(運行)	옮길 운 갈 행	움직여서 감 국어3-1가 사회6-2 수학4-2
1074	울창(鬱蒼)	답답할 울 푸를 창	나무가 빽빽하게 들어서 무성하고 푸름 국어2-2 5-2가,나 6-2가 수학6-2 사회3-2
1075	원래(元來)	으뜸 원 올 래	본디, 처음부터 국어1-1가 4-1나 6-2가 수학6-1 사회6-2 과학4-2 5-2
1076	원료(原料)	근원 원 재료 료	물건을 만드는 바탕이 되는 재료 국어3-1가 사회5-1 6-1
1077	원리(原理)	근원 원 이치 리	기본이 되는 이치나 법칙 국어4-2나 5-2가 수학4-2 6-2 과학3-1 4-1,2 5-1 6-1,2
1078	원망(怨望)	원망할 원 바랄 망	억울하게 여기거나 분하게 여겨 탓함 국어4-2가 5-1가 수학5-2 사회4-2
1079	원예(園藝)	동산 원 재주 예	꽃이나 나무, 채소를 심어 가꾸는 일 과학4-1
1080	원유(原油)	근원 원 기름 유	지하에서 뽑아 올린 정제하지 않은 기름 과학3-2 사회4-2 5-1 6-1

번호	단어(한자)	훈(뜻)·음(소리)	뜻풀이·교과서
1081	원인(原因)	근원 원 인할 인	까닭, 사유 국어3-1가 5-2가,나 6-2가 수학6-2 사회6-2 과학4-1 5-1,2 6-2
1082	원칙(原則)	근원 원 법칙 칙	근본이 되는 법칙 사회4-1,2 5-2 6-2
1083	원통(圓筒)	둥글 원 통 통	둥글게 생긴 통 과학3-2 과학6-1,2
1084	원판(圓板)	둥글 원 널 판	둥글고 납작하게 만든 판 수학2-2 4-1 과학5-2
1085	원활(圓滑)	둥글 원 미끄러울 활	일이 모나지 않고 순조로움 국어6-1나 사회5-2 과학4-2 5-2
1086	월급(月給)	달 월 줄 급	다달이 받는 일에 대한 대가, 급료 사회4-2
1087	위기(危機)	위태할 위 때 기	위험한 때나 고비 국어4-2가 6-2나 수학6-2 사회4-2 5-1,2 6-1 과학3-2 4-2
1088	위문(慰問)	위로할 위 물을 문	불행하거나 수고한 사람을 찾아 위로함 국어3-1나 5-1나
1089	위생(衛生)	지킬 위 살 생	질병의 예방이나 치료에 힘쓰는 일 국어4-1가 5-1가
1090	위성(衛星)	지킬 위 별 성	행성의 인력에 의하여 그 둘레를 도는 천체(天體) 국어6-2나 사회4-1 5-1 6-1,2 과학3-1 5-1,2
1091	위원회 (委員會)	맡길 위 인원 원 모일 회	어떤 처리를 위임받은 단체 사회4-1
1092	위치(位置)	자리 위 둘 치	자리 잡고 있음, 자리나 처소 국어2-1나 3-2가 4-1나 4-2가 5-1가 5-2가 6-1나 6-2가 수학5-2 6-1 사회3-1,2 4-1,2 5-1,2 6-1,2 과학4-2 5-2 6-1,2

번호	단어(한자)	훈(뜻)·음(소리)	뜻풀이·교과서
1093	위험(危險)	위태할 위 험할 험	실패하거나 목숨을 위태롭게 할 만함 국어1-2나 2-1가 3-2나 4-1가 4-2가 5-2가 6-2가,나 수학4-2 사회4-2 6-2 과학3-2 4-2 5-2 6-2
1094	유교(儒敎)	선비 유 종교, 가르칠 교	공자를 시조로 하고 인의(仁義)를 근본으로 하는 가르침 사회3-2 5-2 6-2
1095	유명(有名)	있을 유 이름날 명	이름이 널리 퍼져 있음 국어4-2나 5-2가 6-1나 사회3-2 6-2
1096	유모차 (乳母車)	젖 유 어미 모 수레 차	젖먹이 아이를 태우는 작은 손수레 국어1-2가
1097	유물(遺物)	남길 유 물건 물	과거 인류가 남긴 제작품 국어4-2나 5-2가 6-2나 사회5-2 6-2
1098	유발(誘發)	꾈 유 일으킬 발	어떤 일이 원인이 되어 다른 일이 일어남 국어4-2가
1099	유산(遺産)	남길 유 재산 산	전대의 사람들이 남긴 업적 국어4-2나 6-1나 6-2나 사회3-2 5-1,2 6-1,2
1100	유선(有線)	있을 유 줄 선	줄로 연결되어 있음 사회3-1
1101	유성(油性)	기름 유 성질 성	기름기가 있는 성질 과학3-1
1102	유용(有用)	있을 유 쓸 용	쓸모가 있음 국어6-1나 6-2나 수학4-2 사회6-2 과학3-2
1103	유인(誘引)	꾈 유 끌 인	남을 꾀어 냄 국어4-1가 사회5-2
1104	유적(遺蹟)	남길 유 자취 적	남아 있는 자취, 건축물이나 싸움터 또는 역사적인 사건이 벌어졌던 곳 국어5-2가 사회3-2 5-2 6-2

번호	단어(한자)	훈(뜻)·음(소리)	뜻풀이·교과서
1105	유지(維持)	바(밧줄) 유 가질 지	어떤 상태를 그대로 지니어 나감 국어5-1나 6-2가 사회5-1,2 6-1,2 과학3-1,2 4-2 5-1,2 6-1,2
1106	유치원(幼稚園)	어릴 유 어릴 치 동산 원	학교에 들어가기 전의 어린이를 가르치는 집 국어3-2나 수학4-2
1107	유쾌(愉快)	즐거울 유 쾌할 쾌	마음이 즐겁고 상쾌함 국어4-2나
1108	유행(流行)	흐를 유 갈 행	어떤 현상이 한동안 사회에 널리 퍼짐 국어3-2나 5-2가
1109	유형(有形)	있을 유 모양 형	어떤 형체, 모양이 있음 국어4-2나
1110	육식(肉食)	고기 육 먹을, 밥 식	동물을 먹이로 함 과학3-1
1111	육아(育兒)	기를 육 아이 아	아이를 보호하고 기름 사회4-2
1112	육지(陸地)	뭍 육 땅 지	물에 잠기지 않은 지구의 표면 국어3-2나 5-1나 사회3-2 4-1 5-1 6-1,2 과학4-2 5-2
1113	육체(肉體)	살, 고기 육 몸 체	사람의 몸 국어4-2가
1114	윤활(潤滑)	젖을 윤 미끄러울 활	물기나 기름기가 있어 매끄러움 국어4-2가
1115	은근(慇懃)	은근할 은 은근할 근	마음속으로 생각하는 정이 깊음 국어4-1나
1116	은행(銀行)	돈 은 행할 행	돈을 맡기고 빌리며 관리하는 곳 수학2-2 사회4-1,2

번호	단어(한자)	훈(뜻)·음(소리)	뜻풀이·교과서
1117	은혜(恩惠)	은혜 은 은혜 혜	남에게서 받은 고마움 국어3-1가 4-2가 6-1나
1118	음료(飮料)	마실 음 헤아릴 료	갈증을 풀거나 맛을 즐기기 위해 마시는 물 국어4-2가 과학5-2 6-1
1119	음료수 (飮料水)	마실 음 헤아릴 료 물 수	사람이 맛으로 먹거나 목이 말라 마시는 물 수학2-2
1120	음감(音感)	소리 음 느낄 감	음이나 음악에서 받는 느낌 과학3-2
1121	음성(音聲)	소리 음 소리 성	사람의 발음기관에서 내는 소리 국어4-1나 5-2가
1122	음식(飮食)	마실 음 밥, 먹을 식	사람이 먹고 마시는 것 국어1-2나 2-1가,나 2-2가 3-1나 4-1나 4-2나 5-2가,나 6-1가,나 6-2가,나 수학1-2 2-1 3-2 사회3-2 4-2 5-2 6-2 과학3-1 4-2 5-2 6-2
1123	음악(音樂)	소리 음 노래 악	사상이나 감정을 리듬으로 나타내는 예술 국어3-1가 4-2가 6-1나 6-2가,나 수학2-1 2-2 사회5-2 6-2 과학3-2 6-1
1124	음향(音響)	소리 음 울릴 향	소리의 울림 과학3-2 6-1
1125	음흉(陰凶)	그늘 음 흉할 흉	음침하고 흉악함 국어3-2나
1126	응결(凝結)	엉길 응 맺을 결	엉기어 맺힘 과학4-2 5-2
1127	응급(應急)	응할 응 급할 급	급한 대로 우선 처리함 국어4-2가 6-2나
1128	응답(應答)	응할 응 대답 답	물음이나 부름에 응하여 대답함 국어5-2가,나 6-1가 사회4-2

번호	단어(한자)	훈(뜻)·음(소리)	뜻풀이·교과서
1129	응용(應用)	응할 응 쓸 용	지식이나 기술을 다른 곳에 활용함 과학3-2
1130	응원(應援)	응할 응 도울 원	편들어 소리를 지르며 격려하는 일 국어1-2가,나 2-1가 2-2가 3-1가 5-2나 6-2나 사회6-2
1131	의견(意見)	뜻 의 견해 견	어떤 일에 대한 생각 국어2-2나 4-1가,나 4-2가,나 5-1가 5-2가 6-2가,나 수학5-2 6-2 사회6-2 과학5-1,2 6-2
1132	의논(議論)	의논할 의 의논할 논	해결해야 할 문제에 대하여 서로 의견을 주고받음 국어4-2가 6-1가 사회4-2 6-2
1133	의도(意圖)	뜻 의 꾀할 도	무엇을 이루려고 속으로 생각해봄 국어4-1가 6-1가 6-2가,나
1134	의례(儀禮)	거동 의 예도 례	형식을 갖춘 예의 국어4-2나
1135	의료(醫療)	의원 의 병 고칠 료	의술로 병을 고치는 일 국어5-2가 사회4-2 5-1 6-1
1136	의무(義務)	옳을 의 일 무	당연히 해야 할 일 사회4-2 6-2
1137	의미(意味)	뜻 의 맛 미	포함하고 있는 뜻, 내용 국어2-1가 4-2나 5-2가 6-1나 6-2가,나 사회3-2 4-2 5-2 6-2 과학5-1 6-1
1138	의사(醫師)	의원 의 전문인 사	병을 치료해 주는 사람 국어2-2가 3-1나 4-1가 4-2가 5-1나 6-2나
1139	의사(意思)	뜻 의 생각 사	마음속으로 생각함 국어5-2 5-2나 과학3-1 사회4-2 6-2
1140	의상(衣裳)	옷 의 치마 상	사람이 입는 옷, 저고리와 치마 수학2-2 사회5-2 6-2

번호	단어(한자)	훈(뜻)·음(소리)	뜻풀이·교과서
1141	의식(儀式)	거동 의 법 식	의례를 갖추어 베푸는 행사 사회3-2 5-2
1142	의식(意識)	뜻 의 알 식	마음의 작용이나 상태 국어4-1나 6-2나
1143	의식주(衣食住)	옷 의 먹을, 밥 식 살 주	사람이 살아가는 데 중요한 세 가지 요소 (옷, 음식, 주택) 사회3-2
1144	의심(疑心)	의심할 의 마음 심	이상하게 생각함, 믿지 못함 국어4-2가 5-1나 5-2가 6-1가,나 6-2나
1145	의원(醫員)	의원 의 인원 원	병을 고쳐주는 사람, 의사 국어3-2나
1146	의원(議員)	의논할 의 인원 원	선거에서 뽑힌 사람 사회4-1 6-2
1147	의자(椅子)	의자 의 접미사 자	몸을 기대어 앉을 수 있는 걸상 국어1-1가 5-2나 6-2나 수학1-2 2-1 사회6-2
1148	의장(議長)	의논할 의 우두머리 장	회의를 주재하고 그 회의의 집행부를 대표하는 사람 사회4-1 6-2
1149	의존(依存)	의지할 의 있을 존	남에게 의지하여 있음 사회4-1 5-1 6-1,2 과학6-1
1150	이동(移動)	옮길 이 움직일 동	움직여서 다른 곳으로 옮김 국어4-2가 5-2가,나 수학2-1 4-2 5-2 6-2 사회3-1 3-2 4-2 5-1 6-1,2 과학3-2 5-1 5-2 6-1,2
1151	이등변(二等邊)	두 이 같을 등 가 변	도형의 두 변의 길이가 같음 수학4-1
1152	이모(姨母)	이모 이 어미 모	어머니의 자매(여자 형제) 사회3-2

번호	단어(한자)	훈(뜻)·음(소리)	뜻풀이·교과서
1153	이민(移民)	옮길 이 백성 민	다른 나라의 땅으로 옮겨 삶 사회3-2
1154	이변(異變)	다를 이 변할 변	아주 다르게 변함 과학4-2
1155	이사(移徙)	옮길 이 옮길 사	살던 곳을 떠나 다른 곳으로 옮김 국어5-1가 5-2나 6-1가 사회3-2 4-2
1156	이상(異常)	다를 이 항상 상	보통 때와 다름 국어1-2가 2-1가,나 2-2가 3-1가,나 4-1가,나 4-2나 5-1가,나 5-2나 6-2가,나 수학6-2 사회4-2 5-2 과학4-2 6-2
1157	이상(異狀)	다를 이 형상 상	모양이 보통과 다름 국어4-1나 6-1가 과학6-1
1158	이상(以上)	써 이 위 상	일정한 그것을 포함하여 더 많거나 높음 국어2-1나 3-1나 4-1나 4-2가 5-2가,나 6-1나 6-2가 수학4-2 6-2 사회4-2 6-2 과학5-2 6-2
1159	이암(泥巖)	진흙 이 바위 암	알갱이가 작은 진흙이 굳어져 생긴 암석 과학3-2
1160	이용(利用)	이할 이 쓸 용	편리하게 사용함 국어2-1나 2-1가,나 2-2나 3-1가 3-2가 4-1나 4-2나 5-1가 6-1나 6-2나 수학1-2 2-1,2 3-2 4-2 5-1,2 6-2 사회3-1 3-2 4-2 6-2 과학3-2 5-2 6-1,2
1161	이유(理由)	이치 이 말미암을 유	까닭, 사유 국어5-1나 5-2가,가 6-2가,나 수학1-2 2-1,2 3-1,2 4-2 5-1,2 6-1,2 사회4-2 6-2
1162	이익(利益)	이할 이 더할 익	물질적으로 보탬이 됨 국어4-1나 6-2가 사회5-1 6-1,2 과학6-1
1163	이정표(里程標)	거리 이 길 정 표할 표	어느 곳까지의 거리를 나타내어 적어 두는 표 사회3-2
1164	이탈(離脫)	떠날 이 벗을 탈	떨어져 나가거나 떨어져 나옴 사회4-2 5-1 6-1,2

번호	단어(한자)	훈(뜻)·음(소리)	뜻풀이·교과서
1165	이하(以下)	써 이 아래 하	수량이나 정도가 일정한 숫자보다 같거나 적음 수학4-2
1166	이해(理解)	다스릴 이 풀 해	말이나 글의 뜻을 깨쳐 앎 국어1-2나 2-1가,나 2-2가,나 3-1가,나 3-2가,나 4-1가,나 4-2가,나 5-1가,나 5-2가,나 6-1가,나 6-2가,나 수학6-2 사회3-2 4-2 과학5-1,2 6-1
1167	인간(人間)	사람 인 사이 간	사람, 생각을 하고 언어를 사용하며, 도구를 만들어 쓰고 사회를 이루어 사는 동물 국어4-2가 6-2나 사회5-1,2 6-1
1168	인공(人工)	사람 인 장인 공	사람의 힘을 가하여 무엇을 만듦 국어3-1가 6-2나 수학2-2 사회4-2 과학5-2 6-1
1169	인구(人口)	사람 인 인구, 입 구	사람의 수효 수학4-1 4-2 6-1,2 사회4-2 5-1 6-1 과학4-2
1170	인권(人權)	사람 인 권세 권	인간의 기본적인 권리 국어6-1나 사회4-2 6-2
1171	인기(人氣)	사람 인 기운 기	사람이나 사물에 쏠리는 사람들의 감정 국어2-1가 6-2나 사회3-2 4-2 6-2
1172	인류(人類)	사람 인 무리 류	인간, 사람 국어6-1나 6-2가,나 사회5-2 6-2 과학4-2
1173	인물(人物)	사람 인 사람, 만물 물	사람 또는 사람의 됨됨이 국어1-1가 1-2가,나 2-1가,나 2-2가,나 3-1가 3-2가,나 4-1가,나 4-2가,나 5-1가 5-2가,나 6-1나 6-2가 수학2-1 사회3-2
1174	인사(人事)	사람 인 일 사	친구나 어른을 만났을 때 반갑다고 하는 말 국어1-2가 2-1가 2-2가 4-1나 4-2가 5-2나 6-2가 사회5-2
1175	인삼(人蔘)	사람 인 인삼 삼	약용 식물의 하나, 뿌리 모양이 사람 같음 사회4-2 5-2
1176	인상(印象)	도장 인 모양 상	어떤 대상에 대해 도장을 찍듯이 또렷하게 남아 있는 마음 국어1-2가 3-1나 3-2가 4-2가 5-2가 6-2가 사회4-2

번호	단어(한자)	훈(뜻)·음(소리)	뜻풀이·교과서
1177	인쇄(印刷)	도장 인 인쇄할 쇄	문자나 그림을 종이에 옮겨 여러 벌을 찍음 국어4-2가 5-2나 6-2나 사회4-2 5-2 6-2 과학6-1
1178	인원(人員)	사람 인 인원 원	사람의 수효 수학4-2
1179	인자(仁慈)	어질 인 사랑 자	마음이 어질고 자애로움 국어4-2나
1180	인정(認定)	알 인 정할 정	옳다고 믿고 정함 국어3-1나 국어3-2가 5-1가,나 6-2나 사회3-2
1181	인종(人種)	사람 인 씨, 무리 종	사람을 지역과 신체적 특성에 따라 구분한 종류 사회4-2 6-2
1182	인형(人形)	사람 인 모양 형	사람의 모양을 본떠 만든 장난감 국어1-1나 1-2가 2-1가 2-2가,나 3-1가,나 3-2가 4-2가 5-2가 수학2-1
1183	일기(日記)	날 일 기록할 기	그날의 일을 기록함 국어1-1나 1-2가,나 2-1나 2-2가,나 3-1나 3-2나 5-1나 6-1나 수학2-2 5-1,2 사회3-1과학6-2
1184	일기(日氣)	날 일 기운 기	날씨 국어2-1나 4-1나 4-2나 6-1나 수학4-2
1185	일부(一部)	한 일 부분 부	전체를 몇으로 나눈 것 중의 하나 수학2-1 2-2 4-2 사회4-2 6-2 과학4-2 5-2
1186	일상(日常)	날 일 떳떳할 상	보통 때, 늘, 날마다 국어2-1나 2-2가 2-2나 4-1나 4-2가 5-1가 5-2가 6-1나 6-2나 수학4-2 사회6-2 과학3-2 4-1,2 5-2 6-2
1187	일정(一定)	한 일 정할 정	정해져 있어 바뀌거나 달라지지 않음 국어6-2가 수학5-1,2 6-1,2 사회4-2 과학4-2 5-1,2 6-2
1188	일제(日帝)	날, 해 일 임금 제	일본 제국주의를 줄여서 이르는 말 국어3-2가

번호	단어(한자)	훈(뜻)·음(소리)	뜻풀이·교과서
1189	일행(一行)	한 일 갈 행	길을 함께 가는 사람 국어4-2가 5-2나
1190	임신(姙娠)	아이 밸 임 아이 밸 신	아이를 뱀 사회4-2
1191	임업(林業)	수풀 임 업 업	목재나 나물, 버섯 등을 재배하는 일 사회4-1
1192	입력(入力)	들 입 힘 력	컴퓨터에 정보를 기억하게 하는 일 국어6-1나 사회4-2
1193	입양(入養)	들 입 기를 양	내가 낳는 아이가 아닌데 친자식으로 삼음 사회4-2
1194	입원(入院)	들 입 집 원	병을 치료하기 위해 병원에 머무름 국어3-2나
1195	입장(入場)	들 입 마당 장	어떤 장소에 들어감, 당면한 처지 국어4-2나 5-2가 6-2나 수학2-2 6-2 사회6-2
1196	입체(立體)	설 입 몸 체	공간을 차지하는 길이·두께 등 부피 수학6-1,2 사회5-1 6-1,2 과학4-1
1197	입춘(立春)	설 입 봄 춘	24절기의 하나로, 2월 4~5일경, 봄이 시작됨을 알림 국어4-2나 과학6-2
1198	입학(入學)	들 입 배울 학	학교에 들어감 국어2-2나 5-2나
1199	자극(刺戟)	찌를 자 창 극	외부작용으로 어떤 반응을 일으킴 국어3-1나 5-2가 과학5-2 6-2
1200	자기(自己)	스스로 자 몸 기	제 몸, 자신 국어1-1가 1-1나 1-2가 2-1나 4-2나 6-2가,나

번호	단어(한자)	훈(뜻)·음(소리)	뜻풀이·교과서
1201	자동차(自動車)	스스로 자 움직일 동 수레 차	동력(엔진)의 힘으로 달리는 차 국어1-1가 2-1나 과학5-2
1202	자료(資料)	재물 자 재료 료	무엇을 만드는 데 바탕이 되는 감(재료) 국어2-2나 4-2가,나 5-1가 5-2나 6-1가,나 6-2가,나 수학2-2 3-2 4-2 5-2 6-1,2 사회3-2 4-1,2 6-2 과학3-2 5-1 6-1
1203	자매(姉妹)	손위누이 자 손아래누이 매	여자끼리의 동기, 여형제 사회3-2
1204	자백(自白)	스스로 자 말할 백	잘못을 스스로 말함 국어4-1나
1205	자산(資産)	재물 자 재산 산	토지나 건물, 금전 따위의 재산 국어4-2나
1206	자상(仔詳)	자세할 자 자세할 상	찬찬하고 상세함 국어3-1나 5-1나
1207	자석(磁石)	자석 자 돌 석	철을 끌어당기는 성분을 가진 물체 국어4-2가 과학3-1 4-1 6-1
1208	자세(姿勢)	맵시 자 형세 세	몸가짐, 몸을 가지는 태도 또는 무슨 일을 대하는 마음가짐 국어1-1가 1-2가 2-1가 3-1가,나 4-1나 4-2가,나 5-2가,나 6-2가,나 사회6-2 과학4-2
1209	자세(仔細)	자세할 자 가늘 세	구체적이고 세밀함 국어1-1나 1-2가,나 2-1가 2-2가,나 2-1나 3-2가 4-1가,나 4-2가,나 5-1나 5-2나 6-1가,나 6-2나 수학1-1 사회3-2 4-2 과학3-2 4-2 5-1,2 6-1,2
1210	자습(自習)	스스로 자 익힐 습	혼자서 공부하여 익힘 국어4-1나
1211	자식(子息)	아들 자 자식 식	자기가 낳은 아들딸 국어3-2나 4-2가 6-2가,나 사회3-2 4-2 5-2
1212	자신(自信)	스스로 자 믿을 신	자기의 능력을 자기가 믿음 국어1-1가 1-2가 2-1나 2-2가 4-1나 4-2가 5-2가 6-1나

번호	단어(한자)	훈(뜻)·음(소리)	뜻풀이·교과서
1213	자신(自身)	스스로 자 몸 신	제 몸, 자기 국어1-2가,나 2-1가 2-2가,나 3-1가,나 3-2가,나 4-1나 4-2나 5-1가,나 5-2나 6-1가,나 6-2가,나 수학2-1 3-2 4-2 5-2 6-2 사회6-2 과학5-2 6-1,2
1214	자연(自然)	스스로 자 그럴 연	처음에 생긴 그대로 국어1-1나 1-2나 2-1나 2-2가 3-2가,나 4-2가,나 5-1가 5-2가 6-1나 6-2가,나 수학5-1 사회3-1,2 4-1,2 5-1,2 6-1,2 과학4-2 5-1,2 6-1
1215	자연수 (自然數)	스스로 자 그럴 연 셈 수	1부터 시작하여 하나씩 더하여 얻는 수 수학3-2 4-1 4-2 5-1,2 6-1,2
1216	자원(資源)	재물 자 근원 원	생산에 바탕이 되는 물자 국어2-1나 3-1가 5-2나 6-1나 6-2나 사회4-1 4-2 6-2 과학3-1 4-1 6-1
1217	자원(自願)	스스로 자 원할 원	어떤 일을 스스로 하겠다고 신청함 사회4-2 5-1 6-1 과학6-2
1218	자유(自由)	스스로 자 말미암을 유	간섭을 받지 않고 자기 마음대로 함 국어2-1가 3-2나 4-1나 4-2나 5-1나 5-2나 6-2가,나 수학1-2 사회4-2 5-1,2 6-1,2 과학6-2
1219	자율(自律)	스스로 자 법칙 율	자기가 자신의 행동을 제어함 사회4-2 6-2
1220	자음(子音)	아들 자 소리 음	한글의 소리글자, 'ㄱ'~'ㅎ'까지 국어1-1가1
1221	자전거 (自轉車)	스스로 자 구를 전 수레 거	사람이 타고 두 다리로 바퀴를 굴러서 가는 탈것 국어2-1나
1222	자체(自體)	스스로 자 몸 체	사람이나 사물의 그 본체 국어5-2가 6-2나 과학4-2
1223	자치(自治)	스스로 자 다스릴 치	스스로 다스림 사회4-1,2 6-2
1224	자판기 (自販機)	스스로 자 팔 판 틀 기	동전이나 지폐를 넣으면 물건이 나오는 기계 수학2-2

번호	단어(한자)	훈(뜻)·음(소리)	뜻풀이·교과서
1225	자화(磁化)	자석 자 될 화	물체가 자기를 띠는 현상 과학3-1 6-1
1226	작가(作家)	지을 작 사람, 집 가	무엇을 만들거나 글을 쓰는 사람 국어4-1나 4-2나
1227	작년(昨年)	어제 작 해 년	지난 해 사회4-2
1228	작성(作成)	지을 작 이룰 성	원고나 서류 따위를 만듦 국어4-2가 6-2가 사회4-2 6-2 과학4-2 5-2 6-1
1229	작용(作用)	지을 작 쓸 용	어떤 현상이나 행동을 일으킴 과학3-1 5-1,2 6-1,2
1230	작전(作戰)	지을 작 싸움 전	싸움이나 경기의 대책을 세움 국어3-2나 6-1나
1231	작품(作品)	지을 작 물건 품	예술 활동으로 만든 창작물 국어2-2가 2-2나 3-1가,나 국어4-2나 5-1가 5-2가,나 6-2가 수학3-2 6-2 과학4-2 6-2
1232	잠수(潛水)	잠길 잠 물 수	물속에 잠김 국어2-2가 과학6-1
1233	잠수함(潛水艦)	잠길 잠 물 수 큰배 함	물속에서만 활동하는 배 수학2-1
1234	잠시(暫時)	잠깐 잠 때 시	아주 짧은 동안 국어2-1가 2-2가 3-2나 4-1나 4-2나 5-2나 6-2가 수학1-2 사회6-2
1235	잡균(雜菌)	섞일 잡 균 균	여러 가지 세균이 섞여 있음 국어3-1나
1236	잡지(雜誌)	섞일 잡 기록할 지	정기적으로 간행되는 출판물 수학4-2 사회6-2

번호	단어(한자)	훈(뜻)·음(소리)	뜻풀이·교과서
1237	장갑(掌匣)	손바닥 장 갑 갑	손을 보호하고 따뜻하게 하기 위하여 끼는 물건 수학4-2 과학5-1 6-2
1238	장군(將軍)	장수 장 군사 군	전쟁에서 졸병을 거느리는 대장 국어3-2나 5-2가 사회5-2
1239	장기(長技)	뛰어날 장 재주 기	뛰어나게 잘하는 재주 국어3-2나 국어4-2가 5-2가 6-2나 수학6-1
1240	장단(長短)	좋을 장 허물 단	좋은 점과 나쁜 점, 잘하거나 못하는 점, 길고 짧음 국어4-1나 6-2가
1241	장래(將來)	장차 장 올 래	앞으로 닥쳐 올 날, 앞날 국어4-2나 5-2나
1242	장려(奬勵)	권장할 장 힘쓸 려	권하여 힘쓰게 함 국어4-2가 사회5-2
1243	장례(葬禮)	장사지낼 장 예도 례	사람이 죽어서 장사를 지내는 의식 국어5-1나 사회3-2 5-2
1244	장면(場面)	마당 장 면, 겉 면	어떤 일이 벌어지는 광경 국어1-1나 국어1-2가,나 2-1나 2-2가,나 3-2가,나 4-1가, 4-2나 5-2가 6-1가 6-2가,나 수학1-2 2-1 2-2 6-2 과학4-2
1245	장비(裝備)	꾸밀 장 갖출 비	장치나 설비를 갖춤 국어4-2가 5-2가,나 6-2나 과학4-1 5-1
1246	장소(場所)	마당 장 곳 소	어떤 일이 벌어지는 곳 국어1-2가 2-1나 2-2나 3-1가 4-2가 5-1가 5-2가,나 6-1가,나 6-2가 수학2-2 사회3-1 3-2 5-2 6-2 과학3-2 4-2 5-1,2 6-1
1247	장수(將帥)	장수 장 장수 수	군대를 지휘하고 통솔하는 장군 국어3-1나
1248	장식(裝飾)	꾸밀 장 꾸밀 식	아름답게 꾸밈 국어5-1나 5-2가 6-2가 수학2-1 5-1 사회5-2 과학3-1 5-1

번호	단어(한자)	훈(뜻)·음(소리)	뜻풀이·교과서
1249	장신구 (裝身具)	꾸밀 장 몸 신 갖출 구	몸을 치장하는 데 쓰이는 반지나 귀걸이 등 국어5-2가 사회3-2 5-2
1250	장애(障碍)	막을 장 거리낄 애	거치적거려 방해가 되는 일 국어3-2가 6-2나 사회4-2 5-1 6-1
1251	장작(長斫)	긴 장 벨 작	긴 나무를 잘라서 쪼갠 땔감 국어5-2나 수학4-2 과학6-2
1252	장점(長點)	좋을, 뛰어날 장 점 점	좋거나 잘하는 점 국어5-2가 6-2가,나 사회3-2
1253	장치(裝置)	꾸밀 장 둘 치	기계나 설비를 설치함 국어5-2가 6-2가,나 수학6-2 사회3-2 6-2 과학3-1 4-2 5-1 6-1,2
1254	장학금 (獎學金)	권장할 장 배울 학 돈 금	학문을 장려하는 뜻으로 도움을 주는 돈 국어3-2나 6-2가,나
1255	재단사 (裁斷師)	옷마를 재 끊을 단 전문인 사	옷감을 재고 자르는 사람 수학2-1 2-2
1256	재료(材料)	재목 재 재료 료	무엇을 만들기 위한 감 국어2-2가 3-1가,나 3-2가 4-2가 5-2나 수학3-2 4-2 6-1 사회3-2 4-2 과학3-1 3-2 4-1,2 5-1,2 6-1,2
1257	재물(財物)	재산 재 물건 물	돈과 값나가는 물건 국어4-1나 6-2가,나
1258	재배(栽培)	심을 재 북돋을 배	식물을 심어서 가꿈 국어3-1나 수학5-2 사회5-1,2 6-1,2
1259	재산(財産)	재물 재 재산 산	소유하고 있는 경제적 가치가 있는 것들 국어4-2나 5-1가,나 6-1나 6-2나 사회4-2 5-2 6-2
1260	재생(再生)	두 재 날, 살 생	한 번 사용하였던 것을 살려 또 사용함 수학4-1 6-2 사회4-1 5-1 6-1 과학5-2 6-2

번호	단어(한자)	훈(뜻)·음(소리)	뜻풀이·교과서
1261	재앙(災殃)	재앙 재 재앙 앙	뜻하지 아니하게 생긴 불행한 변고, 또는 천재지변으로 인한 불행한 사고 수학6-2 과학4-2 사회5-2
1262	재판(裁判)	결정할 재 판단할 판	법관(판사)이 내리는 판단 국어3-1가 5-2나 사회6-2
1263	재해(災害)	재앙 재 해할 해	재앙으로 입는 피해 국어6-1나 사회3-2 6-2 과학6-1
1264	재혼(再婚)	두 재 혼인할 혼	두 번째 혼인함, 또는 그 혼인 사회4-2
1265	재활용 (再活用)	두 재 살 활 쓸 용	한 번 사용하였던 것을 다시 사용함 국어2-1나 3-1가
1266	쟁반(錚盤)	징 쟁 소반 반	운두가 얕고 넓적한 그릇, 징과 비슷한 모양 국어2-2가
1267	저금(貯金)	쌓을 저 돈, 쇠 금	돈을 모음 국어2-1가 수학2-2 4-1
1268	저수지 (貯水池)	쌓을 저 물 수 못 지	물을 모아 두는 곳 국어5-2가 6-2가,나 사회4-1
1269	저작(著作)	지을 저 지을 작	그림을 그리거나 글이나 작품을 지음 국어4-1나
1270	저작권 (著作權)	지을 저 지을 작 권세 권	글을 지은 사람의 권리를 보장해 줌 국어4-2가,나 5-2가 6-2나
1271	저장(貯藏)	쌓을 저 갈무리(감출) 장	물건을 모아서 간수함 국어5-1가 6-1나 6-2나 과학3-1 사회3-2 5-2 과학3-2 4-1 5-1,2 6-1
1272	저축(貯蓄)	쌓을 저 쌓을 축	돈이나 재산을 모음 사회4-2 5-1 6-1

번호	단어(한자)	훈(뜻)·음(소리)	뜻풀이·교과서
1273	적극(積極)	쌓을 적 다할, 극진할 극	어떤 일에 대하여 바짝 다잡는 태도 국어6-2나 사회4-2 5-2 6-2
1274	적당(適當)	맞을 적 마땅할 당	꼭 알맞음 국어3-1나 국어5-1가,나 5-2가,나 6-2나 수학2-2 3-2 6-1,2 사회4-2 6-2 과학3-2 5-1 6-1
1275	적용(適用)	맞을 적 쓸 용	알맞게 응용함, 맞추어 씀 국어4-2나 5-2가 6-2나 과학5-1 6-2
1276	적응(適應)	맞을 적 응할 응	상황이나 조건에 잘 어울림 국어6-2나 과학3-2 4-2 사회4-2 5-2 과학6-1
1277	적절(適切)	맞을 적 간절할 절	꼭 알맞음 국어3-2가 4-1나 4-2가,나 5-1나 5-2가 6-2가,나 사회5-2 6-2 과학5-2 6-1,2
1278	적합(適合)	맞을 적 합할 합	꼭 합당함 국어4-1나 5-2가 사회5-1,2 6-1,2 과학4-1 6-2
1279	전교(全校)	온전할 전 학교 교	학교 안의 모든 시설이나 학생 국어4-2나 사회6-2
1280	전국(全國)	온전할 전 나라 국	온 나라 국어3-2 4-2나 사회5-2 과학4-2
1281	전기(電氣)	전기 전 기운 기	전자의 이동으로 생기는 에너지의 한 형태 국어2-1나 4-2가 수학4-2 사회3-1 3-2 5-1 6-1 과학6-2
1282	전달(傳達)	전할 전 이를, 통달할 달	전하여 이르게 함 국어2-1나 2-2가 3-1나 4-1나 4-2가 5-2가,나 6-2가,나 사회4-2 과학3-2 4-2 5-2 6-1
1283	전면(全面)	온전할 전 면 면	모든 방면 사회4-2
1284	전부(全部)	온전할 전 부분 부	온통, 모두 국어4-2가 과학4-2

번호	단어(한자)	훈(뜻)·음(소리)	뜻풀이·교과서
1285	전설(傳說)	전할 전 말씀 설	예로부터 전해 오는 설화 국어5-2가 사회4-2
1286	전시(展示)	펼 전 보일 시	펴서 늘어놓아 보임 국어2-2가 2-2나 4-2가 5-2가 6-2가,나 수학2-2 사회3-2 사회4-2 6-2 과학3-2 5-1
1287	전염(傳染)	전할 전 물들 염	나쁜 버릇이나 나쁜 병에 옮아서 물듦 국어4-2가 5-2가,나 사회6-2 과학6-2
1288	전용(專用)	오로지 전 쓸 용	혼자서만 씀, 오직 한곳에만 씀 수학2-2 사회4-1
1289	전자(電子)	전기 전 접미사 자	전기 원자를 이루는 소립자 국어4-1나 5-2가 6-2가,나 사회5-1 6-1,2 과학4-2
1290	전쟁(戰爭)	싸움 전 다툴 쟁	싸움, 특히 나라와 나라끼리의 싸움 국어4-1가,나 5-2가 6-1가,나 6-2가,나 수학4-2 사회5-2 6-2
1291	전차(電車)	전기 전 수레 차	전기 에너지로 달리는 차 국어4-1나
1292	전체(全體)	온전할 전 몸 체	온통, 모두, 전부 국어3-2나 4-1나 5-2가 6-2가,나 수학1-2 2-2 3-1 3-2 4-1,2 5-1,2 6-1,2 사회3-1 3-2 4-2 6-2 과학4-2 5-1,2 6-1
1293	전통(傳統)	전할 전 거느릴 통	예로부터 내려오는 사상이나 관습 등 국어4-1나 4-2가 6-1가,나 6-2가,나 사회3-2 4-2 5-1,2 6-1,2 과학6-2
1294	전투(戰鬪)	싸움 전 싸울 투	싸움, 그런 무력 행동 수학4-2 사회5-2
1295	전파(電波)	전기 전 물결 파	전기 파장을 줄인 말 국어6-1가 과학4-2 6-1
1296	전학(轉學)	옮길 전 배울 학	다니던 학교에서 다른 학교로 옮김 국어1-2가 2-1나 2-2나 3-1가,나 5-1가 5-2가 6-1가 수학1-1 사회4-2

번호	단어(한자)	훈(뜻)·음(소리)	뜻풀이·교과서
1297	전화(電話)	전기 전 말씀 화	전기 장치(전화기)를 통하여 이야기함 국어2-1가 3-1가 3-2가 4-1나 4-2가,나 5-2나 6-2가 수학2-2 사회 5-1 6-1 6-2 과학3-2
1298	절기(節氣)	때, 절기 절 공기 기	한 해를 24로 나눈 것, 계절의 표준이 되는 것 사회3-2 5-2 과학6-2
1299	절벽(絶壁)	끊을 절 벽 벽	가파른 낭떠러지 사회6-2 과학3-2
1300	절약(節約)	절약할, 마디 절 검약할, 맺을 약	아끼고 줄여서 씀 국어4-1가 4-2가 5-1나 5-2가 수학5-2 사회5-1 6-1 과학4-2 6-1 6-2
1301	절차(節次)	마디 절 버금 차	일을 치르는 차례 국어4-1가,나 5-1가 5-2가 6-1가 6-2나 사회5-1 6-1,2 과학6-1
1302	점검(點檢)	점 점 검사할 검	낱낱이 검사함 국어2-2나 4-1가 4-2가 5-2가 6-1가,나 6-2나 사회4-1 과학6-2
1303	점선(點線)	점 점 선 선	점으로 연결한 선(줄) 수학 3-1
1304	점수(點數)	점 점 셈 수	성적을 나타내는 숫자 국어2-1가 2-2가 수학2-1 2-2 4-2
1305	점자(點字)	점 점 글자 자	맹인을 위하여 볼록하게 점으로 된 부호 국어3-2가 6-2나 수학2-2 사회6-2
1306	점점(漸漸)	점점 점 점점 점	조금씩, 차차 국어3-2나 5-2나 6-1나 6-2가,나 수학6-2 과학6-2
1307	점차(漸次)	점점 점 버금 차	점점, 차차, 조금씩 더 국어6-2가 사회4-2 5-2 6-2 과학4-2
1308	점토(粘土)	끈끈할 점 흙 토	끈끈한(차진) 흙 사회3-1

번호	단어(한자)	훈(뜻)·음(소리)	뜻풀이·교과서
1309	정거장(停車場)	머무를 정 수레 거 마당 장	버스나 열차가 일정하게 머무도록 정하여진 장소 국어4-2나 6-2나
1310	정기(定期)	정할 정 기약할 기	일정한 기한 또는 정해진 시기 국어4-2가 사회4-2
1311	정답(正答)	바를 정 대답 답	바른 답, 옳은 답 국어3-1나 4-2나 과학4-2
1312	정도(程度)	한도, 길 정 법도 도	알맞은 한도 국어3-2가 4-1나 4-2가,나 5-1가 5-2가,나 6-1나 6-2가,나 수학2-2 5-2 6-2 사회3-2 4-2 5-1,2 6-1,2 과학3-1 3-2 5-1,2 6-1,2
1313	정돈(整頓)	가지런할 정 정돈할 돈	가지런히 바로잡음 국어1-2가
1314	정류장(停留場)	머무를 정 머무를 류 마당 장	자동차 따위가 잠시 머무르는 곳 국어5-2나 수학1-2
1315	정리(整理)	가지런할 정 다스릴 리	가지런하게 바로잡음 국어1-2가,나 2-1가,나 2-2가,나 3-1가 3-2가,나 4-1가,나 4-2가,나 5-1가,나 5-2가,나 6-1가,나 6-2가,나 수학1-1 1-2 2-1 3-2 4-2 6-1,2 사회3-2 4-2 5-2 6-2 과학3-1 3-2 4-2 5-1,2 6-1,2
1316	정문(正門)	바를 정 문 문	앞으로 난 큰 문 사회3-1
1317	정보(情報)	뜻 정 알릴 보	내용이나 형편에 관한 소식이나 자료 국어3-2가 4-1나 4-2가,나 5-1나 6-1가,나 6-2가,나 수학6-2 사회3-1 3-2 4-1 5-1 6-1,2 과학3-1 4-2 5-1,2 6-2
1318	정상(頂上)	꼭대기 정 위 상	산꼭대기, 맨 위 국어5-2가 6-2가 수학4-2 사회3-2 5-1 6-1,2 과학4-2
1319	정성(精誠)	정성, 정할 정 정성 성	온갖 힘을 다하려는 참되고 성실한 마음 국어1-2가 2-2가 3-1나 3-2나 4-2가 5-1나 5-2가,나 6-1나 6-2가,나 사회5-2
1320	정수기(淨水器)	깨끗할 정 물 수 그릇 기	물을 깨끗하게 걸러 주는 기구 사회3-2

번호	단어(한자)	훈(뜻)·음(소리)	뜻풀이·교과서
1321	정식(正式)	바를 정 법 식	규정대로 된 바른 방식 국어1-2가 5-2가,나 사회3-2
1322	정신(精神)	정신, 정기 정 정신 신	감정을 일으키는 사람의 마음 국어2-1가 2-1나 2-2가 3-2나 4-1나 4-2가 5-1가,나 5-2가,나 6-1나 6-2가 사회5-1 6-1,2 과학5-2
1323	정원(庭園)	뜰 정 동산 원	화초나 나무를 심어 놓은 뜰 국어2-2가 3-1나
1324	정원사 (庭園師)	뜰 정 동산 원 스승 사	뜰 안의 나무와 꽃을 다듬고 가꾸는 사람 수학2-1
1325	정의(正義)	바를 정 옳을 의	사람으로서 지켜야 할 바른 도리 국어3-2가
1326	정자(亭子)	정자 정 접미사 자	놀거나 쉬기 위해 경치 좋은 곳에 지은 집 국어4-1나 4-2나
1327	정지(停止)	머무를 정 그칠 지	중도에서 멎거나 그치게 함 국어1-2나 과학5-2
1328	정착(定着)	정할 정 붙을 착	일정한 곳에 자리 잡아 삶 사회4-2 6-2
1329	정책(政策)	정사 정 꾀 책	정치적 목적을 실현하기 위한 방책 국어5-1나 사회4-2 5-2 6-2
1330	정치(政治)	정사 정 다스릴 치	나라를 다스리는 일 사회4-2 5-2 6-2
1331	정화(淨化)	깨끗할 정 될 화	깨끗하게 함 수학5-2 6-2 사회5-1 6-1 과학4-2
1332	정확(正確)	바를 정 굳을, 확실할 확	바르고 확실함 국어1-1나 1-2가 2-1가,나 2-2가,나 3-1가,나 4-1가,나 4-2나 5-1가,나 5-2가,나 6-1나 6-2가,나 수학2-1,2 3-1 3-2 5-1,2 6-1,2 과학3-2 5-1,2 6-1,2

번호	단어(한자)	훈(뜻)·음(소리)	뜻풀이·교과서
1333	제거(除去)	덜 제 갈 거	덜어서 없앰, 빼버림 국어3-1나 5-2가 수학6-2 사회5-2 과학6-2
1334	제공(提供)	(손에) 들, 끌어당길 제 이바지할 공	내놓음, 바치어 이바지함 국어4-1나 6-2가,나 사회4-2 5-1 6-1,2 과학4-2 5-2 6-1
1335	제도(制度)	지을, 절제할 제 법도 도	관습이나 도덕, 법률 따위의 규범이나 사회 구조의 체계 사회4-2 5-1,2 6-1,2 과학6-2
1336	제례(祭禮)	제사 제 예도 례	제사에 관한 예절이나 의식 사회3-2 5-2
1337	제목(題目)	제목 제 조목 목	책, 그림, 문학 작품에서 대표하는 이름 국어1-1나 1-2가,나 2-1,1나 2-2가,나 3-1가,나 3-2나 4-2가 5-1가 6-2나 수학2-1 3-2 과학5-1
1338	제사(祭祀)	제사 제 제사 사	신령에게 정성을 나타내는 의식 국어3-1나 6-2가 사회3-2 5-2 6-2
1339	제시(提示)	(손에) 들, 끌어당길 제 보일 시	글이나 말로 드러내 보임 국어4-1나 5-1가,나 5-2나 6-2가,나 사회4-2 6-2 과학5-2 6-1
1340	제안(提案)	(손에) 들, 끌어당길 제 안건 안	회의에서 의안을 냄. 또는 그 의안 국어2-2가 4-1가,나 4-2가 5-1가,나 5-2나 6-2나 사회5-2 과학5-2
1341	제자(弟子)	제자 제 사람 자	가르침을 받은 사람 국어3-2나
1342	제작(製作)	지을 제 지을 작	물건을 만듦 국어5-1나 사회5-2 6-2 과학3-1
1343	제출(提出)	(손에) 들, 끌어당길 제 날 출	의견이나 안건을 내어 놓음 국어5-1나 6-2나 과학3-2 사회5-1 6-1,2
1344	제품(製品)	지을 제 물건 품	생활에 쓰이는 물건을 만듦 수학3-2 4-1 사회4-2 5-1 6-1,2 과학4-2 5-1 6-1,2

번호	단어(한자)	훈(뜻)·음(소리)	뜻풀이·교과서
1345	제한(制限)	억제할 제 한도 한	한계나 범위를 정함 국어5-2가 사회4-2 5-1 6-1,2 과학5-2
1346	조각(彫刻)	새길 조 새길 각	나무나 돌에 그림이나 글자를 새김 국어3-2가 국어4-2가 5-2가 수학6-2 사회6-2
1347	조건(條件)	가지 조 조건 건	사물이 성립되는 데 갖추어야 할 요소 국어2-2가 4-2가 6-2나 수학3-2 4-1,2 5-1,2 6-1,2 사회4-2 5-2 6-2 과학4-1,2 6-1,2
1348	조경(造景)	지을 조 경치 경	경치를 아름답게 꾸미는 일 과학4-1
1349	조례(條例)	조목 조 법식 례	조목조목 적어둔 규칙 사회4-1
1350	조립(組立)	짤 조 설 립	짜 맞춤, 또는 그렇게 한 것 국어5-2나 수학6-2 사회4-2 5-1 6-1
1351	조사(調査)	고를 조 조사할 사	자세히 살펴보거나 찾아봄 국어3-1나 3-2가 4-2가,나 5-1가 5-2나 6-1가,나 6-2가,나 수학2-1 2-2 4-2 5-1,2 6-1,2 사회3-1 3-2 4-1 4-2 6-2 과학3-2 4-1 5-1,2 6-1,2
1352	조상(祖上)	조상 조 위 상	할아버지 이상 윗대의 어른 국어3-1나 6-1나 6-2나 수학4-2 사회3-2 5-1 6-1,2 과학5-2 6-2
1353	조수(助手)	도울 조 솜씨 수	옆에서 일을 도와주는 사람 수학2-1
1354	조심(操心)	잡을 조 마음 심	잘못되는 일이 없도록 마음을 씀 국어1-2가 1-2나 3-2나 4-1가 4-2가,나 5-2가,나 6-2가,나 수학1-1 6-2 과학6-2
1355	조절(調節)	고를 조 법도 절	알맞게 조정하거나 잘 어울리게 함 국어3-2가,나 수학6-2 사회3-2 과학4-2 5-1,2 6-1,2
1356	조종(操縱)	잡을 조 쓸, 세로 종	마음대로 다루어 부림 국어5-1나 수학2-2

번호	단어(한자)	훈(뜻)·음(소리)	뜻풀이·교과서
1357	조직(組織)	짤 조 짤 직	사람이나 물건이 모여 하나의 집합체가 됨 국어5-1가,나 6-2가 사회4-2 5-2 6-2
1358	조화(調和)	고를 조 화할 화	서로 고르게 잘 어울림 국어5-1가 6-1나 사회3-2 4-2 5-1 6-1,2 과학4-2 6-1
1359	조화(造花)	지을 조 꽃 화	사람이 종이 따위로 만든 꽃 국어4-1가
1360	존경(尊敬)	높을 존 공경할 경	높여 공경함 국어2-1나 3-1가 3-2나 4-2가 5-1나 5-2가 6-2나 사회5-2 6-2
1361	존재(存在)	있을 존 있을 재	현실에 실제로 있음 국어3-1나 4-1가 5-1가,나 5-2나 6-1나 6-2가,나 사회5-1 6-1,2 과학3-1 4-2 6-2
1362	존중(尊重)	높을 존 무거울 중	받들어 소중하게 여김 국어4-2가,나 5-1가,나 5-2나 6-1나 사회3-2 4-2 5-1 6-1,2
1363	졸업(卒業)	마칠 졸 업 업	정해진 교과 과정을 모두 마침 국어5-1가,나 6-2가,나 사회4-2
1364	종교(宗敎)	마루 종 종교 교	절대자나 신을 믿고 숭배하는 신앙 국어6-1나 사회3-2 6-2
1365	종류(種類)	씨 종 무리 류	어떤 기준에 따라 나눈 갈래 국어1-2나 2-2,나 3-1가 5-2가 6-1가 6-2가 수학2-1 4-2 사회3-2 4-2 5-2 5-1 과학3-1 4-1 5-1,2 6-1,2
1366	종목(種目)	씨 종 조목 목	어떤 기준으로 나누어진 갈래 국어5-2가 수학2-1 과학5-2
1367	종합(綜合)	모을 종 합할 합	여러 가지를 모아 하나의 통일된 것을 만듦 국어6-2가,나 사회4-2 6-2
1368	종일(終日)	마칠 종 날 일	아침부터 저녁까지의 동안 국어1-2가 3-2나 5-2나 6-1나

번호	단어(한자)	훈(뜻)·음(소리)	뜻풀이·교과서
1369	좌우(左右)	왼 좌 오른 우	왼쪽과 오른쪽, 양옆 국어5-2가 수학5-2 사회6-2 과학4-2
1370	좌표(座標)	자리 좌 표할 표	어떤 자리나 위치를 나타내는 기준점 사회3-2
1371	죄송(罪悚)	허물 죄 두려울 송	죄스럽고 황송함 국어1-2가 2-2가 3-1가,나 3-2가,나 5-1나 5-2나 6-1나 6-2가 사회4-2 5-2
1372	주말(週末)	주일 주 끝 말	일주일의 끝 무렵(토. 일요일) 국어2-2나 4-2가 5-2가,나 사회4-2
1373	주목(注目)	(액체를) 부을, 모을 주 눈 목	눈길을 한곳에 모아서 봄 국어4-1나 사회6-2
1374	주민(住民)	살 주 백성 민	일정한 곳에 자리 잡고 사는 사람 국어3-1나 4-1나 사회4-1,2 5-1 6-1
1375	주방(廚房)	부엌 주 방 방	음식을 만들거나 차리는 방 국어4-1가 5-1나
1376	주번(週番)	주일 주 차례 번	1주일마다 순서로 책임을 맡는 근무 국어4-1나
1377	주변(周邊)	두루 주 가 변	둘레, 언저리 국어1-2나 2-1나 2-2가,나 3-1가 3-2가,나 4-1나 4-2가,나 5-1가,나 5-2가,나 6-1가,나 6-2가,나 수학1-2 2-1 2-2 4-2 5-1 6-1,2 사회3-1 3-2 4-1 4-2 5-1,2 6-1,2 과학3-2 4-2 5-1,2 6-1,2
1378	주별(週別)	주일 주 나눌 별	1주일 단위로 나눈 기간 수학4-2
1379	주부(主婦)	주인 주 아내 부	가장의 아내, 또는 주인의 부인 사회4-2
1380	주사(注射)	(액체를) 부을, 모을 주 쏠 사	약물을 몸에 넣음 국어1-1나 2-2가 5-1가 6-1가 수학1-2 과학3-2 6-2

번호	단어(한자)	훈(뜻)·음(소리)	뜻풀이·교과서
1381	주소(住所)	살 주 곳 소	거처를 정하여 사는 곳 국어1-1나 5-2가 사회3-1
1382	주요(主要)	주인 주 요긴할 요	가장 중요함 국어2-1 5-2나
1383	주위(周圍)	두루 주 에워쌀 위	둘레, 언저리 주변 국어5-1가 6-1가 6-2가,나 수학1-1 사회4-2 과학3-1 4-2 5-1,2 6-2
1384	주의(注意)	부을 주 뜻 의	잘못되는 일이 없도록 마음을 씀 국어1-1가,나 1-2가 2-1가 2-2가,나 3-1가,나 3-2가,나 4-1가,나 4-2가,나 5-1 나 5-2가,나 6-1가 6-2가,나 수학2-2 4-2 사회3-1 3-2 과학6-2
1385	주인(主人)	주인 주 사람 인	물건의 임자 국어5-2나 수학2-1 사회6-2
1386	주인공 (主人公)	주인 주 사람 인 존칭 공	어느 자리나 연극 등에서 주인이 되는 사람 국어2-1가
1387	주입(注入)	(액체를) 부을, 모을 주 들 입	액체를 부어서 들여보냄 국어6-2나 과학3-2
1388	주자(走者)	달릴 주 사람 자	달리는 사람 사회4-2
1389	주장(主張)	주인 주 베풀 장	자기의 의견이나 학설을 내세움 국어2-1나 4-1나 4-2가,나 5-1나 5-2가 6-1나 6-2나 사회5-2 6-2
1390	주제(主題)	주인 주 제목 제	중심이 되는 문제 국어4-1가,나 국어4-2가,나 5-2가 6-1나 6-2가,나 수학5-1 사회3-1 3-2 6-2
1391	주차(駐車)	머무를 주 수레 차	차를 세워둠 국어4-1나 수학5-2 사회4-1,2 6-2
1392	주차장 (駐車場)	머무를 주 수레 차 마당 장	차를 정차시키는 곳 수학1-2 2-1

번호	단어(한자)	훈(뜻)·음(소리)	뜻풀이·교과서
1393	주택(住宅)	살 주 집 택	사람이 사는 집 사회3-1 3-2 4-1,2 5-1 6-1
1394	준비(準備)	준할 준 갖출 비	미리 마련하여 갖춤 국어1-2가,나 2-1가 2-2가,나 3-2가,나 4-1가 4-2가,나 5-1나 5-2가,나 6-1가 6-2가,나 수학1-2 2-1 4-2 5-1 6-1,2 사회3-2 4-2 5-2 6-2 과학3-2 4-2 5-1,2 6-1
1395	중간(中間)	가운데 중 사이 간	두 사물이나 현상의 사이 국어2-1나 5-1가 6-2가 수학4-1 과학6-1
1396	중계(中繼)	가운데 중 이을 계	가운데서 끊어지지 않게 이어줌 과학4-2
1397	중단(中斷)	가운데 중 끊을 단	도중에 끊어버림 사회6-2 과학4-1
1398	중부(中部)	가운데 중 부분 부	어느 기준으로부터 중간인 지역 사회3-2
1399	중심(中心)	가운데 중 가운데 심	한가운데 국어3-1가 3-2나 4-2가 수학3-2 4-1,2 5-2 6-2 사회3-1 4-2 6-2 과학5-2 6-1
1400	중앙(中央)	가운데 중 가운데 앙	한가운데 국어3-1가 5-2가 6-2가 사회5-2 과학5-2
1401	중요(重要)	무거울 중 요긴할 요	매우 소중하고 꼭 필요함 국어1-2가,나 2-1가,나 2-2가,나 3-1가나 3-2가 4-1나 4-2가,나 5-2나 6-1나 6-2가,나 수학4-2 6-2 사회5-2 과학5-2
1402	증기(蒸氣)	찔 증 공기 기	액체나 고체가 증발하여 생기는 기체 사회3-1
1403	증발(蒸發)	찔 증 일으킬 발	액체가 기체로 변하는 일 과학4-1,2 5-1,2
1404	지각(遲刻)	늦을 지 시간 각	정해진 시간보다 늦게 도착함 국어4-2나 5-1가 5-2나 6-1나 수학2-2 6-1

번호	단어(한자)	훈(뜻)·음(소리)	뜻풀이·교과서
1405	지경(地境)	땅 지 지경 경	땅과 땅의 경계 국어3-2가 국어4-2가 5-2나
1406	지구(地球)	땅 지 공 구	우리가 사는 땅덩어리, 천체의 하나 국어1-2나 국어4-2가 5-2가 6-1가,나 6-2가,나 수학4-2 5-2 사회6-2 과학3-1 3-2 4-2 6-1,2
1407	지극(至極)	이를 지 다할, 극진할 극	끝까지 다함 국어2-2가
1408	지급(支給)	가를 지 줄 급	돈이나 물품 따위를 내어 줌 국어6-2나 사회4-2
1409	지능(知能)	알 지 능할 능	판단하는 지적 능력 국어3-1가 사회4-2
1410	지도(地圖)	땅 지 그림 도	지구의 표면을 나타낸 그림 국어6-2가 수학4-2 5-2 6-2 사회3-1,2 4-1 5-1,2 6-1,2 과학3-1
1411	지명(地名)	땅 지 이름 명	땅(어느 곳)의 이름 사회3-2
1412	지방(地方)	땅 지 방위, 곳 방	어느 한 방면의 땅 국어5-2가 6-2가 수학4-2 사회3-2 4-1 6-2 과학4-2
1413	지방(脂肪)	기름, 비계 지 기름, 비계 방	굳기름, 기름 덩어리 수학6-1 과학3-2
1414	지속(持續)	가질 지 이을 속	끊임없이 이어짐 사회4-2 5-1 6-1,2
1415	지식(知識)	알 지 알 식	사물에 대한 명료한 의식과 판단 국어4-2가,나 5-1나 5-2가 6-1가 6-2나 사회6-2 과학5-2 6-1
1416	지역(地域)	땅 지 지경 역	일정한 땅의 구역 국어4-1나 4-2가,나 5-2가 6-2가,나 수학5-1 6-1 사회3-1 3-2 4-1,2 5-1,2 6-1,2 과학4-2 5-2 6-1,2

번호	단어(한자)	훈(뜻)·음(소리)	뜻풀이·교과서
1417	지옥(地獄)	땅 지 감옥 옥	죽어서 땅속에서 무서운 벌을 받는다는 곳 과학4-2
1418	지원(志願)	뜻 지 원할 원	어떤 일이나 조직에 뜻을 두어 한 구성원이 되기를 바람　국어4-1나 5-2가 사회4-2 5-1 6-1
1419	지원(支援)	지탱할 지 도울 원	뒷받침하여 도와줌 국어6-1가 수학6-2 사회4-1,2 5-2 6-2
1420	지점(地點)	땅 지 점 점	땅 위의 일정한 점 수학5-1 6-2 사회5-1 6-1 과학4-2
1421	지정(指定)	가리킬 지 정할 정	가리켜 정함 국어4-2가,나 5-1나 5-2가,나 6-1나 6-2가,나 사회5-1 6-1,2 과학3-2 6-1
1422	지진(地震)	땅 지 우레 진	땅속의 마그마 운동으로 땅이 크게 흔들림 사회3-1 6-2 과학3-2 4-1
1423	지천(至賤)	매우 지 천할 천	매우 흔하고 많음 국어2-1나 6-1나
1424	지층(地層)	땅 지 층 층	자갈과 모래가 물 밑이나 지표에 쌓인 층 과학3-2
1425	지침(指針)	가리킬 지 바늘 침	바늘 모양의 지시계(指示計)가 나타내는 표시 수학4-2
1426	지폐(紙幣)	종이 지 화폐 폐	종이로 만든 돈 국어5-1가 5-2가 수학2-2 4-1 4-2
1427	지표(地表)	땅 지 겉 표	땅의 겉, 지구의 표면 과학3-1 5-2 6-2
1428	지하(地下)	땅 지 아래 하	지면(1층)보다 아래 국어3-1나 5-2나 6-1나 과학5-2

번호	단어(한자)	훈(뜻)·음(소리)	뜻풀이·교과서
1429	지향(指向)	가리킬 지 향할 향	일정한 목표를 정하여 나아감 사회4-2 6-2
1430	지형(地形)	땅 지 모양 형	땅의 생김새 국어5-2나 6-1나 사회4-1 5-1,2 6-1,2 과학3-1,2 4-2
1431	지혜(智慧)	슬기 지 슬기 혜	사물을 잘 분별하는 마음의 작용 국어2-2가 3-1가,나 3-2가 4-1나 5-2나 6-1나 6-2나 수학5-1 사회3-2 4-2 과학4-2
1432	직각(直角)	곧을 직 뿔 각	두 직선(수평선과 수직선)으로 이루어진 각 수학3-1 4-1 4-2
1433	직선(直線)	곧을 직 줄 선	곧게 그은 선(줄) 수학3-1 6-2 사회3-2 4-2 과학6-2
1434	직업(職業)	직분 직 업 업	생계를 유지하기 위해 하는 일 국어6-1가 6-2나 수학2-2 사회4-2 5-2 6-2
1435	직장(職場)	직분 직 마당 장	근무하면서 맡은 일을 하는 일터 국어5-2가 6-2나 사회4-2 5-1 6-1
1436	직접(直接)	곧을 직 이을 접	중간을 거치지 않고 바로 이어짐 국어1-2가 2-2-나 3-1나 3-2나 4-1나 4-2가,나 5-1나 5-2가,나 6-1가,나 6-2가,나 수학2-1 3-2 6-1,2 사회4-1 4-2 6-2 과학4-2
1437	직진(直進)	곧을 직 나아갈 진	곧게 뻗어감, 곧게 나아감 과학4-2
1438	진공(眞空)	참 진 빌 공	참으로 비어 있음 국어3-1가 5-1가
1439	진료(診療)	진찰할 진 병고칠 료	병을 진찰하고 치료함 국어3-1나 사회4-2 5-1 6-1
1440	진맥(診脈)	진찰할 진 맥 맥	몸의 아픈 곳을 알기 위하여 맥을 짚음 국어3-2나

번호	단어(한자)	훈(뜻)·음(소리)	뜻풀이·교과서
1441	진분수(眞分數)	참 진 나눌 분 셈 수	분수에서 분자의 수가 분모보다 작은 수 수학3-2 5-1 6-1
1442	진실(眞實)	참 진 참, 실제 실	거짓이 없고 바르고 참됨 국어4-2나 6-1가 6-2가,나
1443	진심(眞心)	참 진 마음 심	진실로 거짓이 없는 참된 마음 국어2-2가 3-1가
1444	진열(陳列)	베풀 진 줄 열	물건을 죽 벌여 놓음 수학4-2 과학5-2
1445	진정(眞正)	참 진 바를 정	참되고 올바름 국어4-2가 5-1가,나 5-2가 6-1가,나 6-1가
1446	진지(眞摯)	참 진 잡을 지	참되고 착실함 국어3-2나 4-2나 6-2가,나 사회6-2
1447	진취(進取)	나아갈 진 가질 취	적극적으로 나서서 일을 이룸 사회4-2 5-2
1448	진행(進行)	나아갈 진 갈 행	앞으로 나아감 국어4-1가 4-2나 5-2가,나 수학4-2 과학5-1
1449	질량(質量)	바탕 질 헤아릴 량	물체가 갖는 물질의 양 과학4-1
1450	질문(質問)	바탕 질 물을 문	모르는 것을 물어봄 국어2-1가 2-2가 3-1가 3-2가 4-2가,나 5-2가 6-1가,나 수학2-1 3-2 4-2 사회6-2 과학3-2 4-2 6-1
1451	질병(疾病)	병 질 병 병	신체 기능이 병이 들어 건강하지 않은 상태 국어5-1가 6-2가,나 사회3-2 5-2 6-2 과학4-2 5-2 6-2
1452	질서(秩序)	차례 질 차례 서	사물의 일정한 순서나 규칙 국어2-1가 4-2가 5-1나 사회5-2 6-2

번호	단어(한자)	훈(뜻)·음(소리)	뜻풀이·교과서
1453	짐작(斟酌)	짐작할 짐 짐작할, 따를 작	어림잡아 헤아림 국어1-2가 2-1가 3-2가,나 4-2가,나 5-1가,나 5-2가 6-1나 6-2가 사회5-2 과학3-2 6-2
1454	집단(集團)	모일 집 모일 단	모여서 무리를 이룬 상태 국어5-2가 6-2가 사회4-2 5-2
1455	집배(集配)	모을 집 나눌 배	한군데로 모아서 배달함 국어4-2가
1456	집중(集中)	모을 집 가운데 중	한군데로 모음 국어2-1나 4-1나 4-2나 5-2가 6-2가 사회6-2
1457	차량(車輛)	수레 차 수레 량	여러 가지 차 종류를 통틀어 이르는 말 국어5-2가 사회4-2
1458	차례(次例)	버금 차 법식 례	정해져 있는 순서 국어1-1가,나 1-2나 2-1가 2-2가,나 3-2가,나 4-2가,나 5-1나 6-1나 6-2나 수학1-2 2-2 4-1,2 5-1,2 과학3-1
1459	차례(茶禮)	차 차 예도 례	음력 정월 초하루, 추석 등 명절에 지내는 낮 제사 국어4-2가
1460	차로(車路)	수레 차 길 로	차가 다니는 길 사회4-1
1461	차별(差別)	어긋날 차 다를 별	차이를 두어서 구별함 국어6-2나 사회3-2 4-2 6-2
1462	차이(差異)	어긋날 차 다를 이	서로 다르게 차가 남 국어5-2가,나 6-1가 사회3-2 수학4-1 4-2 6-2 사회4-2 5-1 6-1 과학4-1,2 4-2
1463	차창(車窓)	수레 차 창 창	차에 낸 작은 창문 사회6-2 과학4-2
1464	착각(錯覺)	어긋날 착 깨달을 각	외계의 사물을 잘못 알아차림 국어3-1가 과학5-2

번호	단어(한자)	훈(뜻)·음(소리)	뜻풀이·교과서
1465	찬성(贊成)	도울 찬 이룰 성	좋다고 인정하여 그렇다고 함 국어5-1 5-2가 수학6-1,2 사회4-1,2 6-2
1466	참가(參加)	참여할 참 더할 가	어떤 모임이나 일에 참여함 국어4-1가,나 5-2나 수학4-2 6-1 과학3-2 5-2 6-1
1467	참고(參考)	참여할 참 생각할 고	살펴서 도움이 될 만한 자료로 삼음 국어4-2나 5-2가 6-1나 6-2나 수학3-2 사회4-2 과학4-2 5-1,2 6-2
1468	참석(參席)	참여할 참 자리 석	어떤 자리나 모임에 참여함 국어5-2가 6-2가 사회4-2
1469	참여(參與)	참여할 참 더불 여	참가하여 관계함 국어2-1가 4-1가 4-2나 5-1가 5-2가,나 6-2나 수학3-2 사회3-2 4-1,2 5-1,2 6-1,2
1470	창고(倉庫)	곳집 창 곳집 고	물자를 저장하고 보관하는 건물 사회3-1 3-2 5-2
1471	창문(窓門)	창 창 문 문	건물이나 자동차 따위의 벽에 낸 작은 문 국어1-1가 1-2나 2-1나 2-2가 5-2나 수학5-1 사회4-2 과학4-2
1472	창의(創意)	비롯할 창 뜻 의	새로운 생각이나 의견 국어4-2가 5-2나 6-2나 수학4-2 사회3-2 4-2 과학4-2 5-1
1473	창작(創作)	만들 창 지을 작	예술 작품을 처음으로 고안하고 만듦 국어4-2나
1474	창제(創製)	만들 창 지을 제	처음으로 고안하여 만들어 냄 국어4-2나 6-2나
1475	창피(猖披)	미쳐 날뛸 창 헤칠 피	체면이 깎이거나 아니꼬운 일을 당함 국어3-2가,나 4-2가,나
1476	채소(菜蔬)	나물 채 나물 소	밥반찬으로 곁들어 먹는 온갖 푸성귀 국어1-2가 2-2가 5-1나 5-2나 6-1가 수학1-1 사회3-2 5-1 6-1,2 과학6-2

번호	단어(한자)	훈(뜻)·음(소리)	뜻풀이·교과서
1477	채집(採集)	캘 채 모을 집	무엇을 캐거나 찾아서 모음 수학6-2 과학4-2 6-2
1478	채취(採取)	캘 채 가질 취	표본이나 자료를 거두어 캐고 챙김 과학4-2
1479	채택(採擇)	캘 채 가릴 택	골라서 씀 수학4-2 사회6-2
1480	책상(冊床)	책 책 상 상	걸상에 앉아 책을 읽거나 공부를 하는 상 국어3-2가,나 4-2가 6-2나 수학1-1 2-1 2-2 사회6-2 과학6-2
1481	책임(責任)	책임, 꾸짖을 책 맡길 임	맡아서 해야 할 임무 사회4-2
1482	처리(處理)	곳, 처단할 처 다스릴 리	일을 다스려 치름 국어5-2나 6-1나 6-2나 사회4-2 6-2 과학4-2 6-2
1483	처벌(處罰)	곳 처 벌할 벌	정한 법에 따라 그 형벌에 처함 국어4-2나
1484	천막(天幕)	하늘 천 막 막	햇볕을 가리거나 비바람을 막기 위한 막 국어2-2가
1485	천사(天使)	하늘 천 사신, 부릴 사	마음씨 곱고 어진 사람을 비유적으로 이르는 말 국어3-2나
1486	천연(天然)	하늘 천 그럴 연	처음의, 본래의 생긴 그대로 국어3-1나 4-1나 6-1나 수학6-2 사회5-1 6-1 과학5-2 6-2
1487	천재(天才)	하늘 천 재주 재	아주 특별하게 재능과 학문이 뛰어난 사람 국어4-2나
1488	천지(天地)	하늘 천 땅 지	하늘 아래 모든 땅 국어4-1나 5-2나

번호	단어(한자)	훈(뜻)·음(소리)	뜻풀이·교과서
1489	천체(天體)	하늘 천 몸 체	우주 공간에 떠 있는 모든 물체 과학4-2 5-1 6-1
1490	천하(天下)	하늘 천 아래 하	하늘 밑 온 세상 국어4-2가 5-2나 6-2가
1491	첨단(尖端)	뾰족할 첨 끝 단	물건의 뾰족한 끝, 맨 앞장 사회4-2 5-1 6-1 과학5-1 6-2
1492	청각(聽覺)	들을 청 깨달을 각	귀가 음향을 받아 일으키는 감각 사회4-2
1493	청동(靑銅)	푸를 청 구리 동	구리와 주석의 합금 과학4-2
1494	청렴(淸廉)	맑을 청 청렴할 렴	마음이 깨끗하고 재물 욕심이 없음 국어4-1나
1495	청소(淸掃)	맑을 청 쓸 소	깨끗이 쓸고 닦음 국어2-2가 3-1가 4-1가,나 4-2가,나 5-1가,나 5-2나 6-1나 사회3-1 3-2 4-2 6-2 과학3-2 4-2 6-2
1496	청정(淸淨)	깨끗할 청 깨끗할 정	욕심이 없고 마음이 깨끗함 국어4-1나
1497	청진기(聽診器)	들을 청 진찰할 진 그릇 기	장기 내부의 소리로서 병을 진찰하는 기구 사회3-2 과학3-2
1498	체격(體格)	몸 체 격식 격	몸의 골격, 몸의 겉 생김새 국어3-1나 5-1가 과학5-2
1499	체계(體系)	몸 체 이을 계	낱낱의 것을 통괄하고 질서 있게 짜인 조직 국어4-2가 6-2가,나
1500	체급(體級)	몸 체 등급 급	운동 경기에서 선수의 몸무게로 매긴 등급 수학4-2

번호	단어(한자)	훈(뜻)·음(소리)	뜻풀이·교과서
1501	체력(體力)	몸 체 힘 력	몸의 힘이나 작업 능력 국어4-2나 국어5-1가 수학6-1 과학5-2
1502	체온(體溫)	몸 체 따뜻할 온	몸의 온도 국어6-2가 수학4-2 과학4-1
1503	체육(體育)	몸 체 기를 육	일정한 운동 따위를 통하여 몸을 튼튼하게 단련시키는 일 국어4-2나 5-2나 6-1나 6-2가,나 사회4-2
1504	체험(體驗)	몸 체 시험할 험	자기 몸으로 직접 겪어봄 국어1-1나 1-2나 2-1가 2-1나 3-2나 4-1가 4-2가 5-2가 6-2가,나 수학1-2 2-2 3-2 5-1 6-1 사회3-2 5-1 6-1,2 과학3-2 6-2
1505	초가(草家)	풀 초 집 가	지붕을 짚으로 이은 집 국어5-2가 사회3-2 4-1
1506	초과(超過)	뛰어넘을 초 지날 과	일정한 수나 한도를 넘음 수학4-2
1507	초대(招待)	부를 초 대접할 대	손님으로 불러 음식을 대접함 국어1-2가,나 2-1나 3-1나 3-2나 4-1가 5-2가 6-1가 수학1-1 사회4-1 6-2 과학3-2
1508	초대장(招待狀)	부를 초 기다릴 대 문서 장	참석하여 달라고 부탁하는 글(쪽지) 국어4-2가
1509	초등(初等)	처음 초 등급 등	처음이나 시작하는 등급 국어1-2가 4-2가,나 6-2나 수학1-1 2-2 4-2
1510	초록(草綠)	풀 초 푸를 록	푸른 빛깔과 누른 빛깔의 중간 색 국어1-1가 4-2가 과학6-2
1511	초시(初試)	처음 초 시험할 시	과거 시험의 여러 과정의 첫 예비 시험 국어4-2나
1512	초식(草食)	풀 초 먹을, 밥 식	풀이나 푸성귀만 먹고 삶 과학3-1 6-1

번호	단어(한자)	훈(뜻)·음(소리)	뜻풀이·교과서
1513	초원(草原)	풀 초 언덕 원	풀이 있는 넓은 벌판 국어4-1나 5-2나 사회6-2
1514	초점(焦點)	탈, 그을릴 초 점 점	렌즈에 들어와 굴절한 광선이 모이는 점 국어4-2가 과학6-2
1515	촌락(村落)	마을 촌 마을 락	농촌에 있는 마을 사회3-1 4-1
1516	촬영(撮影)	찍을 촬 그림자 영	사진이나 영화를 찍음 국어4-2나 6-2나 사회3-2 6-2 과학6-1
1517	최고(最高)	가장 최 높을 고	가장 높거나 가장 좋음 국어1-2가 4-2가,나 수학4-2 5-2
1518	최근(最近)	가장 최 가까울 근	가장 가까운 때나 장소 국어2-1나 2-2나 6-2나 사회4-2 과학3-2 4-2 6-2
1519	최선(最善)	가장 최 좋을 선	가장 좋음 국어4-1가,나 4-2나 5-2가 6-2가
1520	최소(最少)	가장 최 적을 소	가장 적음 국어5-2가 6-2나 사회4-2
1521	최종(最終)	가장 최 마칠 종	맨 나중, 맨 마지막 국어6-2나 사회4-2 과학5-1 6-1
1522	최초(最初)	가장 최 처음 초	가장 처음, 맨 처음 국어6-2가,나 사회4-2 5-2 6-2 과학4-2 5-2
1523	추가(追加)	쫓을 추 더할 가	나중에 더하여 보탬 국어4-2가 5-1나 5-2가 사회6-2 과학5-2
1524	추리(推理)	밀 추 이치 리	알고 있는 것을 바탕으로 알지 못하는 것을 미루어서 생각함 과학3-1 5-1

번호	단어(한자)	훈(뜻)·음(소리)	뜻풀이·교과서
1525	추석(秋夕)	가을 추 저녁 석	우리 고유 명절인 '한가위', 음력 8월 보름 국어 2-2가 4-1가 4-2가 5-1나 사회3-2 4-2 6-2 과학4-1
1526	추수(秋收)	가을 추 거둘 수	가을에 농작물을 거두어들임 국어4-2가 사회3-2
1527	추억(追憶)	쫓을 추 생각할 억	지나간 일을 돌이켜 생각함 국어5-2가 6-2가,나 사회4-2
1528	추적(追跡)	쫓을 추 자취 적	도망하는 자의 뒤를 쫓음 과학3-1
1529	추진(推進)	밀 추 나아갈 진	일이 잘되도록 힘씀 국어5-2나 6-2가 사회4-1,2 5-2 6-2
1530	추천(推薦)	밀 추 천거할 천	좋다고 생각되는 물건이나 사람을 남에게 권함 국어4-1나 5-2가 6-2나 사회5-2 수학2-1
1531	추측(推測)	밀 추 헤아릴 측	어림으로 계산함 국어4-1가 5-1가 수학3-2
1532	축구(蹴球)	찰 축 공 구	두 편으로 나누어 발과 머리로 하는 공놀이 국어2-2가 5-2나 6-1가 사회3-2 6-2
1533	축산(畜産)	짐승 축 낳을, 산물 산	소, 돼지, 닭 등을 키우는 일 국어6-2가 사회4-1
1534	축성(築城)	쌓을 축 성 성	성을 쌓음 국어4-2나
1535	축제(祝祭)	빌 축 제사 제	경축하여 벌이는 큰 행사 국어6-2가 사회3-2 4-2 과학3-1
1536	축조(築造)	쌓을 축 지을 조	제방이나 담을 쌓아 만듦 국어4-2나

번호	단어(한자)	훈(뜻)·음(소리)	뜻풀이·교과서
1537	축하(祝賀)	빌 축 하례할 하	기쁘고 즐겁다는 뜻으로 인사함 국어1-2가 2-1가 2-1나 3-1가 4-1가 5-1가 6-1가,나 6-2가,나 수학1-1 2-1 6-1 사회3-2 4-2
1538	출발(出發)	날 출 떠날 발	목적한 곳을 향하여 떠남 국어1-2나 2-2가 5-1가 5-2가,나 수학1-2 2-2 5-2 6-1,2 사회3-1 과학4-2 5-2
1539	출산(出産)	날 출 낳을 산	아기를 낳음 국어5-2가 사회4-1,2
1540	출신(出身)	날 출 몸 신	태어난 곳(지방) 사회4-2 5-2
1541	출입(出入)	날 출 들 입	들어오고 나감, 드나듦 수학4-2 사회5-1 6-1
1542	출장(出張)	날 출 베풀 장	용무로 어떤 곳에 가거나 임시로 파견함 사회4-2
1543	출처(出處)	날 출 곳 처	사물이 나온 근거 국어4-2가,나 5-2가 6-2가,나 사회6-2
1544	출판(出版)	날 출 판목 판	책을 찍어냄, 간행함 국어6-1나 6-2나 수학4-1
1545	충격(衝擊)	찌를 충 칠 격	갑자기 부딪칠 때의 타격 국어5-1 5-2나 6-2나 사회6-2 과학3-1,2
1546	충고(忠告)	충성 충 알릴 고	진심으로 남의 허물을 고치도록 타이름 국어2-2가 5-2가
1547	충돌(衝突)	찌를 충 부딪칠 돌	서로 맞부딪침 국어6-2나 사회4-2 6-2
1548	충분(充分)	채울 충 나눌 분	모자람이 없이 넉넉함 국어3-2 4-1나 5-2가 6-1나 6-2가,나 수학5-2 사회4-2 6-2 과학4-2 5-1,2 6-1,2

번호	단어(한자)	훈(뜻)·음(소리)	뜻풀이·교과서
1549	충성(忠誠)	충성 충 정성 성	참 마음에서 우러나오는 정성 국어5-2가 수학4-2 사회5-2
1550	충신(忠臣)	충성 충 신하 신	충성을 다하는 신하 국어3-2나 사회5-2
1551	충치(蟲齒)	벌레 충 이 치	벌레 먹어 상한(아픈) 이 국어2-2가
1552	취미(趣味)	뜻 취 맛 미	마음에 끌리는 흥미 국어4-1가 4-2가 6-2나
1553	취소(取消)	가질 취 사라질 소	효력을 소급하여 소멸시킴 국어4-1나 사회6-2
1554	취업(就業)	나아갈 취 일 업	직장을 얻음, 직장에서 일을 함 사회4-2
1555	취직(就職)	나아갈 취 직분 직	직업을 얻음 국어6-2가 사회4-2
1556	취향(趣向)	뜻 취 향할 향	하고 싶은 마음이 쏠리는 방향 국어3-2가
1557	측정(測定)	헤아릴 측 정할 정	헤아려 정함 국어5-2가,나 수학6-1,2 사회4-2 과학3-2 4-1,2 5-1,2 6-1,2
1558	층계(層階)	층 층 섬돌 계	층층으로 올라가게 된 여러 턱 국어2-2가
1559	치료(治療)	다스릴 치 병고칠 료	병을 다스려 고침 국어2-2가 3-1나 4-1가 4-2가,나 5-2가,나 6-2가,나 사회6-2 과학3-1 4-2 6-2
1560	치설(齒舌)	이 치 혀 설	입속에 있는 줄 모양의 혀 국어3-1가

번호	단어(한자)	훈(뜻)·음(소리)	뜻풀이·교과서
1561	치장(治粧)	다스릴 치 단장할 장	아름답게 꾸밈 국어4-2가 사회5-2
1562	친구(親舊)	친할 친 예 구	친하게 사귄 오래된 벗 국어1-1가,나 1-2가,나 2-1나 2-2가,나 3-1가,나 3-2가, 4-1나 4-2가,나 5-2가 6-1가 6-2가,나 수학1-1 2-1 6-2 사회3-2 4-2 5-2 6-2 과학4-2
1563	친근(親近)	친할 친 가까울 근	사귀어 지내는 사이가 매우 가까움 국어5-2가 사회4-2
1564	친선(親善)	친할 친 착할 선	친밀하고 사이가 좋음 사회3-2
1565	친절(親切)	친할 친 긴절할 절	남을 대하는 태도가 성의 있고 정다움 국어2-1나 2-2가 2-2나 3-1나 4-2가 5-1나 5-2가,나 6-1가 수학2-2
1566	친척(親戚)	친할 친 겨레 척	촌수가 가까운 겨레붙이 국어4-2나 6-2나 사회3-2
1567	칠교판 (七巧板)	일곱 칠 공교할 교 널 판	7개의 크고 작은 각형(삼각, 4각)의 모양을 이리저리 맞추는 장난감 수학2-1
1568	칠판(漆板)	옻, 검을 칠 널 판	분필로 글씨를 쓰게 만든 검거나 초록색 판 국어2-2가 3-2가 4-2가 6-2나 수학4-2 사회3-2 4-2
1569	침대(寢臺)	잘 침 대 대	누워 잠을 편히 잘 수 있는 평상 국어2-2가 4-1가 6-1나 수학6-2
1570	침략(侵掠)	침노할 침 노략질할 략	남의 나라를 침범하여 영토를 빼앗음 국어5-2나 사회4-2 5-2
1571	침식(浸蝕)	잠길 침 좀먹을 식	수분이 땅이나 암석을 캐먹어 들어감 과학3-1
1572	침울(沈鬱)	잠길 침 답답할 울	마음이 맑지 못하고 어두움 국어4-1나

번호	단어(한자)	훈(뜻)·음(소리)	뜻풀이·교과서
1573	침입(侵入)	침노할 침 들 입	침범하여 들어옴 국어4-1나 사회5-2
1574	침해(侵害)	침노할 침 해할 해	침범하여 해를 끼침 국어4-2나 국어5-2가 6-2나 사회6-2
1575	칭찬(稱讚)	일컬을 칭 기릴 찬	좋은 점이나 착하고 훌륭한 일을 높이 평가함 국어1-1가,나 1-2가 2-1가 2-2가,나 3-1가 3-2가,나 4-1가,나 4-2가,나 5-1가 5-2가,나 6-1가,나 6-2가,나 수학2-1 과학5-1 6-1
1576	타당(妥當)	온당할 타 마땅할 당	사리에 맞아 마땅함 국어4-1가 5-1가 5-2가 6-2가
1577	타수(打數)	칠 타 셈 수	'키 판'으로 글자를 만든 숫자 수학4-2
1578	타인(他人)	다를 타 사람 인	다른 사람들 국어4-1나
1579	타자(打字)	칠 타 글자 자	컴퓨터에 있는 '키 판'으로 글자를 만듦 국어5-1나 수학4-2
1580	타협(妥協)	온당할 타 화할 협	두 편이 서로 좋도록 절충하여 협의함 사회4-2
1581	탁월(卓越)	높을 탁 넘을 월	남보다 훨씬 뛰어남 국어3-2나
1582	탁자(卓子)	높을 탁 접미사 자	물건을 올려놓기 위하여 높게 만든 가구 수학1-2 사회5-2
1583	탄광(炭鑛)	숯 탄 쇳돌 광	석탄을 캐는 곳 사회3-1
1584	탄력(彈力)	탄알 탄 힘 력	용수철처럼 튀거나 팽팽하게 버티는 힘 국어4-2가

번호	단어(한자)	훈(뜻)·음(소리)	뜻풀이·교과서
1585	탄생(誕生)	낳을 탄 낳을 생	사람이 태어남 국어5-1가 5-2나 사회3-2 4-1,2 6-2
1586	탄소(炭素)	숯 탄 본디 소	빛깔과 냄새가 없는 비금속 고체 원소 수학6-2 사회6-2 과학3-2 5-2 6-1,2
1587	탈락(脫落)	벗을 탈 떨어질 락	떨어져 나가거나 빠짐 수학2-2
1588	탈출(脫出)	벗을 탈 날 출	어떤 상황이나 구속에서 벗어남 국어6-2나 사회4-2
1589	탐구(探究)	찾을 탐 연구할 구	찾아서 깊이 연구함 국어6-1가 사회5-1 6-1 과학3-1 4-1 5-1,2 6-1
1590	탐사(探査)	찾을 탐 조사할 사	더듬어 살펴 조사함 국어6-2가,나 수학6-2 과학3-2 과학4-2 5-1
1591	탐색(探索)	찾을 탐 찾을 색	더듬어서 샅샅이 찾음 국어5-2나 6-1나 6-2나 사회3-2
1592	탐정(探偵)	찾을 탐 정탐할 정	드러나지 않은 사정을 몰래 살펴 알아냄, 또는 그런 일을 하는 사람 수학1-1 6-2
1593	탐험(探險)	찾을 탐 험할 험	위험을 무릅쓰고 미지의 세계를 찾아다님 국어1-1가 4-2가 5-2나 6-1가 사회6-2
1594	탑승(搭乘)	탈 탑 탈, 오를 승	차나 비행기, 배 등에 탐 국어6-2나 수학4-2
1595	태극기 (太極旗)	클 태 끝 극 기 기	우리나라의 국기 국어5-2나 사회4-2 수학5-1
1596	태도(態度)	모습 태 법도 도	몸가짐, 몸가짐의 모습 국어1-2가 2-1가 2-2가 4-1가,나 4-2가,나 5-1가 5-2가,나 6-1나 6-2가,나 사회4-2 5-1,2 6-1

번호	단어(한자)	훈(뜻)·음(소리)	뜻풀이·교과서
1597	태양(太陽)	클 태 볕 양	해 국어2-2가 5-2가 수학4-2 과학5-1 6-2
1598	태평(泰平)	클, 편안할 태 평평할 평	마음이 편안함 국어4-2가
1599	태풍(颱風)	태풍 태 바람 풍	많은 비와 함께 불어오는 가장 센 바람 국어1-2가 3-1나 6-1나 사회3-1 5-1 6-1,2 과학5-2
1600	토의(討議)	탐구할 토 의논할 의	의견을 검토하고 의논함 국어4-1가 4-2나 5-1가 5-2나 6-2가 사회4-2 5-1 6-1,2 과학5-1
1601	토종(土種)	흙 토 씨 종	그 땅에서만 나는 종자 국어4-1나 과학3-2
1602	통과(通過)	통할 통 지날 과	어떤 장소를 지나감, 고비를 넘김 국어1-1가 수학6-2 사회5-1 6-1,2 과학4-2 5-2 6-1
1603	통로(通路)	통할 통 길 로	오고 가는 길 국어6-2가 과학4-2 5-2 6-1
1604	통신(通信)	통할 통 소식 신	소식이나 정보를 서로 주고받음 국어3-2가 4-2가 6-2나 사회3-1 3-2 5-1 6-1 과학4-2
1605	통장(通帳)	통할 통 장부 장	은행에서 예금의 입출금을 기록해 주는 장부 수학2-2 과학3-1
1606	통증(痛症)	아플 통 증세 증	아픈 증세 국어4-2가
1607	통치(痛治)	아플 통 다스릴 치	병의 아픔을 치료함 국어3-2나 수학4-2
1608	통쾌(痛快)	매우, 아플 통 쾌할 쾌	마음이 매우 시원하고 유쾌함 국어2-2가

번호	단어(한자)	훈(뜻)·음(소리)	뜻풀이·교과서
1609	통학(通學)	통할 통 배울 학	학교를 오고 감. 학교를 다니는 길 사회4-2
1610	통행(通行)	통할 통 다닐 행	사람이나 차량이 오고 감 국어5-1나 사회4-2 과학5-2
1611	통화(通話)	통할 통 말씀 화	전화기로 말을 주고받음 국어3-2가 5-2가 사회3-1
1612	퇴근(退勤)	물러날 퇴 부지런할 근	직장에서 근무를 마치고 나옴 사회3-2 5-2
1613	퇴적(堆積)	쌓을 퇴 쌓일 적	많이 덮쳐 쌓임 국어5-1나 과학3-1 3-2
1614	퇴직(退職)	물러날 퇴 직분 직	현직(현 직장)에서 물러남 사회4-2
1615	투명(透明)	통할 투 밝을 명	환히 속까지 밝게 비침 국어6-1가 수학5-2 6-2 과학3-1 4-2 5-2 6-1
1616	투사(投射)	던질 투 쏠 사	빛을 쏨, 빛을 내보냄 과학4-2
1617	투표(投票)	던질 투 표 표	의결을 할 때 표를 찍어 상자에 넣음 국어5-1가 6-2가 사회4-1,2 6-2
1618	투호(投壺)	던질 투 병 호	떨어져 있는 병에 화살을 던져 넣는 옛날의 오락 사회3-2 5-2
1619	특기(特技)	특별할 특 재주 기	뛰어나게 잘하는 재주나 기술 국어4-2가,나
1620	특별(特別)	특별할 특 다를 별	보통과 다름 국어2-2가 4-1나 4-2가,나 5-2가 6-1나 6-2가,나 사회3-1 4-2 6-2 과학6-1

번호	단어(한자)	훈(뜻)·음(소리)	뜻풀이·교과서
1621	특산(特産)	특별할 특 낳을 산	특별하게, 특별한 곳에서 생산됨 국어6-2가 사회3-2 4-1
1622	특색(特色)	특별할 특 빛 색	다른 것과 견주어 특별히 눈에 띄는 것 국어4-2나 5-1가 사회6-2
1623	특성(特性)	특별할 특 성질 성	일정한 사물에만 있는 특수한 성질 국어3-2나 4-2나 5-1가 5-2가,나 6-1가,나 6-2가 사회6-2 과학5-2
1624	특수(特殊)	특별할 특 다를 수	보통과 다름 국어3-2가 6-2나 과학4-2 6-2
1625	특이(特異)	특별할 특 다를 이	보통보다 특별하게 다름 국어2-2나 과학3-2 4-2
1626	특정(特定)	특별할 특 정할 정	특별히 지정함 국어4-2나 6-2가 사회6-2
1627	특징(特徵)	특별할 특 나타날 징	다른 것과 특별하게 다르게 보임 국어2-1 3-1가,나 3-2가,나 4-1나 4-2가 6-2가,나 수학1-2 2-4 4-2 5-1,2 사회3-2 4-1 5-2 6-2 과학3-1,2 4-2 5-1,2 과학6-1,2
1628	파괴(破壞)	깨뜨릴 파 무너질 괴	부수거나 무너뜨림 국어3-1나 6-1나 6-2가 수학5-2 사회5-1 6-1,2 과학3-2 5-2 6-1
1629	파도(波濤)	물결 파 물결 도	큰 물결 과학3-1
1630	파악(把握)	잡을 파 쥘 악	잘 이해하여 확실하게 앎 국어3-1가 4-1가,나 4-2가 5-1가 5-2가,나 6-1가,나 6-2가,나 사회3-2 5-2 과학5-2 6-1
1631	판단(判斷)	판단할 판 끊을 단	사물에 대한 자기의 생각을 마음으로 정함 국어4-1나 4-2나 5-1가,나 5-2가,나 6-2가,나 수학6-2 사회4-2 6-2 과학4-1 5-1
1632	판매(販賣)	널 판 팔 매	물건을 팖 국어5-2가 6-2나 수학2-2 4-2 6-1 사회4-2 5-1 6-1,2 과학5-2

번호	단어(한자)	훈(뜻)·음(소리)	뜻풀이·교과서
1633	편견(偏見)	치우칠 편 견해, 볼 견	공정하지 못하고 한쪽으로 치우친 생각 사회3-2 4-2 6-2
1634	편리(便利)	편할 편 이할 리	편리하게 이용함 국어3-1가 3-2가 4-1나 4-2가 5-2가 6-1나 6-2나 수학1-2 2-1 2-2 3-2 4-2 6-2 사회3-2 4-2 5-2 6-2 과학3-2 4-2 5-1,2 6-1,2
1635	편안(便安)	편할 편 편안할 안	몸이나 마음이 편하고 좋음 국어3-2나 4-2나 5-2가 6-2나 수학5-2 6-2 사회4-2 6-2
1636	편의(便宜)	편할 편 마땅 의	사용하거나 이용하는 데 편리함 국어4-2가 6-1나
1637	편지(便紙)	편할 편 종이 지	전하고 싶은 내용을 적어 보내는 종이 국어1-2나 2-1나 2-2가 2-2나 3-1가,나 3-2가,나 4-2가 5-1가,나 5-2가 6-1가 6-2가 수학2-2 4-2 6-2 사회4-2
1638	편집(編輯)	엮을 편 모을 집	여러 가지 자료를 모아 책을 지어냄 국어4-2가
1639	평가(評價)	평할 평 값 가	사물의 가치를 판단함 국어4-1가 4-2가 5-1가,나 5-2가,나 6-1가 수학5-2 과학3-1 6-1
1640	평등(平等)	평평할 평 같을 등	차이가 없이 같음 사회4-1,2 6-2
1641	평면(平面)	평평할 평 면 면	평평한 면 수학3-1 4-2 6-1 사회6-2
1642	평범(平凡)	평평할 평 무릇 범	색다른 점이나 뛰어나지 않고 보통임 국어4-1나
1643	평상(平常)	평평할 평 항상 상	보통 때 국어6-2나 사회4-2 과학5-2
1644	평생(平生)	평평할 평 살 생	사는 동안, 태어나서 죽을 때까지 국어1-2나 3-2가 5-2가 수학1-2 사회6-2

번호	단어(한자)	훈(뜻)·음(소리)	뜻풀이·교과서
1645	평소(平素)	평평할 평 본디 소	보통 때, 늘 국어2-1가 2-2가 4-2나 5-1가,나 5-2가,나 국어6-2가 수학5-2 사회3-2 5-2 6-2 과학3-2 6-2
1646	평야(平野)	평평할 평 들 야	넓은 들판 수학4-2 사회5-1,2 6-1,2
1647	평행(平行)	평평할 평 행할 행	두 직선이나 평면이 만나지 않고 나란히 감 수학4-2 5-1,2
1648	평화(平和)	평평할 평 화할 화	평온하고 화목함 국어5-1가 5-2나 6-2가 수학5-1 6-2 사회4-2 5-2 6-2
1649	폐교(廢校)	폐할 폐 학교 교	학교의 운영을 폐지함, 또는 그 학교 사회4-2
1650	폐백(幣帛)	비단 폐 비단 백	신부가 처음으로 시부모를 뵙는 의식 사회3-2
1651	폐수(廢水)	버릴 폐 물 수	사용하고 버리는 물 사회4-1 과학6-1
1652	폐지(廢紙)	못 쓸 폐 종이 지	한 번 써서 못쓰게 된 종이 국어3-2나 5-1가 6-1가 사회4-2
1653	폐회(閉會)	닫을 폐 모일 회	회의를 끝냄 국어4-1가 4-2나
1654	포기(抛棄)	던질 포 버릴 기	하던 일을 그만둠 국어4-1나 5-1나 6-1가 6-2나 사회4-2
1655	포장(包裝)	쌀 포 꾸밀 장	싸서 꾸림, 꾸며 쌈 국어6-2나 수학1-2 2-2 3-2 4-2 6-2
1656	포장(鋪裝)	펼 포 꾸밀 장	길에 돌이나 모래를 깔고 시멘트로 덮어 단단하게 다져 꾸미는 일 국어5-2가 수학6-1,2 사회4-1 4-2

번호	단어(한자)	훈(뜻)·음(소리)	뜻풀이·교과서
1657	포함(包含)	쌀 포 머금을 함	속에 들어 있거나 함께 넣음 국어2-2가 3-1가 6-2나 수학5-2 6-2 과학5-2 6-1,2
1658	폭우(暴雨)	사나울 폭 비 우	갑자기 많이 내리는 비 국어4-1나 사회4-2
1659	폭풍우(暴風雨)	사나울 폭 바람 풍 비 우	바람이 세차게 불면서 내리는 비 사회3-2
1660	표결(票決)	표 표 결단할 결	투표로 의사를 표시하여 결정하는 일 국어4-1가 4-2나
1661	표면(表面)	나타날, 겉 표 면 면	겉에 나타나는 면 국어5-2가 수학6-2 과학3-2 과학4-2 5-1,2
1662	표시(表示)	나타날, 겉 표 보일 시	겉으로 나타내 보임 국어1-1나 2-1가 2-2가,나 3-1가 4-2가 5-2나 수학2-1 2-2 3-1 4-2 5-2 6-1,2 사회4-2 6-2 과학4-2 5-2 6-1,2
1663	표어(標語)	표할 표 말씀 어	의견이나 주장의 선전을 짧게 나타낸 말귀 국어2-2가
1664	표정(表情)	나타날 표 뜻 정	사람의 감정이 얼굴에 나타남 국어1-1가,나 1-2가,나 2-1가 2-2가,나 3-1가,나 3-2가,나 4-1가 4-2가 5-1가 5-2가,나 6-1가 6-2가,나 수학4-2
1665	표준(標準)	표할 표 준할 준	사물의 정도를 재는 기준 사회6-2 과학4-1
1666	표준어(標準語)	표할 표 준할 준 말씀 어	한 나라에서 공용으로 쓰는 규범으로서의 언어 국어4-2나
1667	표지(表紙)	겉 표 종이 지	책의 거죽을 싼 종이 국어3-1나 3-2나 5-1나 수학1-2
1668	표지판(標識板)	표할 표 적을 지 널 판	어떤 사실을 알리기 위하여 일정한 표시를 해 놓은 판 수학2-2 과학6-1

번호	단어(한자)	훈(뜻)·음(소리)	뜻풀이·교과서
1669	표현(表現)	나타날, 겉 표 나타날 현	겉으로 드러내 보임 국어1-1나 1-2나 2-1가,나 2-2가,나 3-1가,나 3-2가,나 4-1가,나 4-2가 5-2가,나 6-1가 6-2가 수학1-2 2-1 3-1 4-2 5-2 사회3-1 3-2 4-2 5-1 6-1 과학4-2 5-2
1670	품질(品質)	물건 품 바탕 질	물품의 성질과 바탕 사회4-2 6-2
1671	풍경(風景)	경치 풍 경치 경	보기 좋은 경치 국어5-2가 6-1가 6-2가 수학1-2 6-2 과학4-2 5-2
1672	풍력(風力)	바람 풍 힘 력	바람의 힘 국어4-1나 수학6-2 사회3-1
1673	풍년(豊年)	풍년 풍 해 년	농사가 잘 되어 수확이 많은 해 국어3-1가 5-1가 수학2-2 사회5-2
1674	풍부(豊富)	풍성할 풍 부유할 부	양이 넉넉하고 많음 국어5-2가,나 6-1가,나 사회3-2 6-2 과학6-1
1675	풍선(風船)	바람 풍 배 선	얇은 고무막에 가벼운 공기를 넣은 것 국어2-2나 6-2나 과학5-1,2 6-1
1676	풍요(豊饒)	풍년 풍 넉넉할 요	풍족하고 넉넉함 국어6-1가,나 6-2가 수학2-2 3-1 사회5-1,2 6-1
1677	풍화(風化)	바람 풍 될 화	수분을 잃고 차츰 가루로 됨 과학3-1 4-2
1678	피곤(疲困)	피곤할 피 곤할 곤	몸이나 마음이 지쳐 고단함 국어2-2가 3-2나 5-2나 사회4-2
1679	피로(疲勞)	피곤할 피 일할 로	몸이나 마음이 지쳐 고단함 국어4-2가 5-1나 5-2가,나 6-2나 수학5-2
1680	피해(被害)	입을 피 해할 해	재산이나 신체상의 손해를 입음 국어2-1나 2-2나 4-1나 4-2나 5-2나 6-1나 수학5-2 사회3-1 4-2 5-1 6-1,2 과학3-2 4-1,2 5-2 6-1,2

번호	단어(한자)	훈(뜻)·음(소리)	뜻풀이·교과서
1681	필요(必要)	반드시 필 요긴할 요	꼭 있어야 함, 꼭 쓰임이 있음 국어1-2나 2-1가,나 2-2가 3-1가 3-2가,나 4-1가 4-2가 5-1나 5-2나 6-1나 6-2가,나 수학1-2 1-2,2 3-2 4-1,2 5-1 6-1,2 사회3-1 4-2 5-2 6-2 과학3-1,2 4-2 5-1 6-1,2
1682	필통(筆筒)	붓 필 통 통	연필이나 지우개를 넣는 작은 통(주머니) 국어2-1가 4-2가 과학3-1
1683	하류(下流)	아래 하 흐를 류	시내나 강물이 흘러내리는 아래쪽 국어4-1나 사회5-1 6-1
1684	하수(下水)	아래 하 물 수	쓰고 버리는 더러운 물 사회4-2
1685	하인(下人)	아래 하 사람 인	남의 집에 매여 일을 하는 사람 또는 사내종과 계집종 국어3-2나
1686	하직(下直)	아래 하 곧을 직	웃어른에게 작별을 고함 국어4-2가
1687	하천(河川)	물 하 내 천	냇가, 시내, 강 국어6-1나 6-2가 사회3-1 4-2 5-1,2 6-1 과학5-2 6-1,2
1688	학교(學校)	배울 학 학교 교	일정한 시설을 갖추고 학생을 가르치는 곳 국어1-1나 1-2가 2-1나 3-1나 3-2가,나 4-2가 5-2나 6-2가 수학1-1 1-2 2-1 2-2 3-2 6-1 사회1-3 3-2 6-2
1689	학급(學級)	배울 학 등급 급	한 자리에서 교육을 받도록 편성된 집단 국어2-2나 3-2가 4-1가,나 4-2가,나 6-1가 6-2가,나 수학2-2 사회4-2 6-2
1690	학기(學期)	배울 학 기약할 기	한 학년의 수업 기간을 나눈 구분 국어2-2가 수학5-1 6-1
1691	학년(學年)	배울 학 해 년	한 해를 단위로 하는 학습 기간의 구분 수학1-2
1692	학생(學生)	배울 학 서생, 살 생	학문이나 기예를 배우는 사람 국어3-2가 수학1-1 2-1 2-2 3-2

번호	단어(한자)	훈(뜻)·음(소리)	뜻풀이·교과서
1693	학습(學習)	배울 학 익힐 습	학문이나 기예를 배우고 익힘 국어1-2나 2-1가,나 2-2가 3-1가 3-2나 4-2가 5-2가 6-2가,나 수학1-2 2-2 3-2 과학3-2 6-2
1694	학예회(學藝會)	배울 학 재주 예 모일 회	학교에서 배운 재능을 발표하고 보여주는 모임 국어4-2가 5-2가 6-2가 수학1-2 2-2
1695	학용품(學用品)	배울 학 쓸 용 물건 품	공부를 하는 데 쓰이는 여러 가지 물건 국어2-2 수학2-1
1696	학원(學院)	배울 학 집 원	학교라는 명칭은 쓰지 못하는 사립 교육기관 국어4-2가 사회4-2
1697	학자(學者)	배울 학 사람 자	학문을 연구하는 사람, 학문에 뛰어난 사람 국어3-2나 5-1가 6-2나
1698	한과(韓菓)	한국 한 과자 과	우리나라 고유 방법으로 만든 과자, 엿 국어3-1나
1699	한복(韓服)	한국 한 옷 복	우리나라 전통방식의 옷 국어2-2가 국어4-2가 수학1-2 사회3-2
1700	한심(寒心)	추울, 가난할 한 마음 심	너무 모자라거나 지나쳐서 딱하고 기막힘 국어2-2가
1701	한약(韓藥)	한국 한 약 약	한방에서 쓰는 약 사회4-2 과학4-2
1702	한양(漢陽)	한나라 한 볕 양	옛날, 지금의 '서울' 이름 국어3-2나 사회5-2
1703	한옥(韓屋)	한국 한 집 옥	우리나라 전통방식으로 지은 집 국어6-2가 수학4-2 사회3-2 5-1 6-1 과학6-2
1704	한자(漢字)	한나라 한 글자 자	중국 고유의 문자, 우리 민족도 삼국 시대 이전부터 같이 쓰고 있음 국어6-1나 사회3-2 6-2

번호	단어(한자)	훈(뜻)·음(소리)	뜻풀이·교과서
1705	한지(韓紙)	한국 한 종이 지	우리나라 전통 방식의 닥나무로 만든 종이 국어5-2가 수학5-1 사회3-2 5-2
1706	할인(割引)	벨 할 끌 인	일정한 값에서 얼마를 싸게 함 수학6-1,2 사회4-2 5-1 6-1
1707	합격(合格)	합할 합 격식 격	채용이나 시험에서 붙음 국어3-1나 6-2가 사회5-1,2 6-1
1708	합주단(合奏團)	합할 합 연주할 주 모일 단	여럿이 합쳐서 여러 가지 악기로 연주를 함 수학2-1
1709	합창(合唱)	합할 합 부를 창	여러 사람이 소리를 맞추어 노래함 사회4-2
1710	항공(航空)	배 항 하늘 공	하늘을 나는 비행기 사회3-1 3-2 4-2 과학3-2
1711	항구(港口)	항구 항 어귀(입) 구	배를 대거나 머물 수 있게 시설된 곳 국어5-2가 사회3-1 3-2 4-1 사회4-2 5-1,2 6-1
1712	항법(航法)	배 항 법 법	비행기나 배가 정확하고 안전하게 가는 법 과학3-1
1713	항상(恒常)	항상 항 항상 상	늘, 언제나 국어2-2나 3-1가 5-1가,나 5-2가,나 6-1가 6-2가 수학1-1 사회3-2 6-2
1714	항의(抗議)	막을 항 의논할 의	반대의 뜻을 주장함 국어4-1나 5-1나 5-2나 사회6-2
1715	해결(解決)	풀 해 결단할 결	가장 좋은 결과를 찾아냄 국어4-1가,나 4-2가,나 5-2가,나 6-1나 6-2가,나 수학1-2 2-1,2 3-1, 2 4-1,2 5-1,2 6-1,2 사회3-2 4-2 6-2 과학5-1 6-1
1716	해당(該當)	그, 마땅 해 마땅할 당	관계되는 것 국어3-2나 5-1나 5-2가 6-1나 수학6-1 사회3-2 5-1 6-1 과학4-2 5-1

번호	단어(한자)	훈(뜻)·음(소리)	뜻풀이·교과서
1717	해독(解讀)	풀 해 읽을 독	알기 쉽게 풀어 읽음 수학4-2
1718	해방(解放)	풀 해 놓을 방	속박이나 제한을 풀어 자유롭게 함 국어4-1나
1719	해변(海邊)	바다 해 가 변	바닷가 국어5-2나 과학4-1
1720	해산물(海産物)	바다 해 낳을 산 만물 물	바다에서 나는 어물이나 김, 미역 등 사회3-2
1721	해상(海上)	바다 해 위 상	바다 위 국어6-1나 사회3-2
1722	해석(解釋)	풀 해 풀 석	뜻이나 내용을 풀이하여 이해함 국어5-2가 수학4-2 6-2 과학5-1,2 6-1
1723	해설(解說)	풀 해 말씀 설	풀이하여 밝힘 국어2-1나 6-2나
1724	해수욕(海水浴)	바다 해 물 수 목욕할 욕	바닷물에서 헤엄치고 즐기며 놂 사회3-1
1725	해양(海洋)	바다 해 큰 바다 양	바다 국어3-1나 6-1나 수학1-1 사회5-1 6-1 과학3-2
1726	해일(海溢)	바다 해 넘칠 일	태풍·지진으로 바닷물이 크게 불어남 사회3-1 과학3-2
1727	해충(害蟲)	해할 해 벌레 충	사람이나 농작물에 해가 되는 벌레 국어3-2나 과학4-2 6-2
1728	행궁(行宮)	다닐 행 궁(집) 궁	임금이 잠시 머물기 위해 지은 궁전 국어4-2나

번호	단어(한자)	훈(뜻)·음(소리)	뜻풀이·교과서
1729	행동(行動)	갈, 행할 행 움직일 동	몸을 움직임, 또는 그 동작 국어1-1나 1-2가,나 2-1가,나 2-2가,나 3-1가, 3-2가,나 4-1가,나 4-2가,나 5-1가 5-2가 6-2가,나 사회4-2 과학5-2 6-1
1730	행렬(行列)	갈, 행할 행 벌일 렬	줄을 지어서 나아감 국어3-1가 5-2나 사회3-2 5-2
1731	행복(幸福)	다행 행 복 복	만족하여 부족함이나 불만이 없음 국어1-1가 2-2가 3-1가,나 3-2가,나 4-1가,나 4-2나 5-1가,나 5-2가,나 6-1가 6-2가,나 수학1-2 6-2 사회3-2 4-2 6-2
1732	행사(行事)	갈, 행할 행 일 사	일을 거행함, 또는 그 일 국어4-1나 5-2가 6-2나 사회3-2 5-2 6-2
1733	행성(行星)	갈, 행할 행 별 성	태양의 둘레를 공전하는 별들의 총칭 과학3-2 4-2 5-1
1734	행운(幸運)	다행 행 운수 운	좋은 운수, 행복한 운수 국어4-1나 5-2나 6-2가 사회6-2
1735	행정(行政)	갈, 행할 행 정사 정	국가기관에서 법에 따라 행하는 정무 국어4-1나 사회4-1
1736	행진(行進)	갈, 행할 행 나아갈 진	여럿이 줄을 지어 앞으로 나아감 사회3-2 4-2
1737	향기(香氣)	향기 향 공기 기	기분 좋은 냄새 국어3-1나 4-1나 5-2나 6-2나 과학6-1
1738	향토(鄕土)	시골 향 흙 토	시골, 또는 고향 국어6-1나 사회3-2
1739	허락(許諾)	허락할 허 허락할 락	청하고 바라는 바를 들어줌 국어4-1나 4-2가,나 5-2가,나 6-1가 6-2나 사회4-2 5-2
1740	현관(玄關)	검을 현 빗장 관	건물이나 집안에 들어가는 큰 문의 안쪽 국어4-2가 5-2나 6-2나

번호	단어(한자)	훈(뜻)·음(소리)	뜻풀이·교과서
1741	현대(現代)	나타날 현 시대 대	지금의 세대 국어4-2나 5-2가 6-2가 사회4-2
1742	현명(賢明)	어질 현 밝을 명	어질고 사리에 밝음 국어4-1가 5-1가,나 사회4-2 과학6-1
1743	현미경(顯微鏡)	드러날 현 작을 미 거울 경	미소한 사물을 확대하여 보는 물건 과학3-2 5-1 6-1,2
1744	현상(現狀)	나타날 현 형상 상	현재의 상태 사회3-1 과학4-2 5-1,2
1745	현실(現實)	나타날 현 참, 실제 실	실제의 사실이나 상태 국어4-2가,나 6-2가 사회4-2 과학4-2
1746	현장(現場)	나타날 현 마당 장	일이 벌어지고 있는 바로 그곳 국어1-2가,나 2-1가,나 3-1가 3-2나 4-2가 6-2가,나 수학1-2 2-2 3-2 사회4-1,2 6-2 과학4-2 6-2
1747	혈압(血壓)	피 혈 누를 압	혈액이 혈관 속을 흐를 때 생기는 압력 국어4-2가
1748	혈액(血液)	피 혈 진 액	동물의 혈관 속을 순환하는 액체 국어4-2가 과학5-2
1749	협동(協同)	화합할 협 한가지 동	여러 사람이 화목하게 하나가 됨 국어2-1가 2-2나 6-2나
1750	협력(協力)	합할 협 힘 력	서로 힘을 합침 국어6-1가,나 사회4-1 5-2 6-2
1751	협조(協助)	화합할 협 도울 조	남이 하는 일을 거들어 힘을 합침 국어4-1나 5-1나 사회4-2
1752	형사(刑事)	형벌 형 일 사	범인 체포에 종사하는 경찰공무원 국어4-1나

번호	단어(한자)	훈(뜻)·음(소리)	뜻풀이·교과서
1753	형성(形成)	모양 형 이룰 성	어떤 모양을 이룸 국어6-1가 6-2나 사회4-1 5-2
1754	형식(形式)	모양 형 법 식	격식이나 절차 국어3-1나 3-2가,나 6-1가
1755	형제(兄弟)	형 형 아우 제	형과 아우 국어1-2나 2-2가 2-2나 3-2가 5-2가 6-1나
1756	형체(形體)	모양 형 몸 체	사물의 모양과 바탕 국어4-2나
1757	형태(形態)	모양 형 모습 태	사물이 생긴 모양 국어3-2가 4-2나 5-2가 사회3-2 4-2 6-2 과학4-1 5-1 6-1
1758	형편(形便)	모양 형 편할 편	일이 되어 가는 모양이나 결과 국어3-1나 3-2나 국어5-1가,나 6-2나 사회5-2
1759	혜택(惠澤)	은혜 혜 윤택할 택	누군가에게 베푸는 이로움이나 이익 사회4-2 5-1 6-1
1760	호감(好感)	좋을 호 느낄 감	좋게 여기는 감정 국어4-2가
1761	호명(呼名)	부를 호 이름 명	이름을 부름 국어3-1나
1762	호박(琥珀)	호박 호 호박 박	지질 시대의 나무의 진이 굳어져 생긴 누런색 광물 과학3-2
1763	호수(湖水)	호수 호 물 수	육지 내부에 넓고 깊게 많이 고인 물 국어4-1나 5-2가,나 수학6-1 사회5-1 6-1,2 과학3-2 4-1,2 5-2
1764	혹시(或時)	혹 혹 때 시	어쩌다, 어떠한 때에 국어6-1 수학4-2 6-2

번호	단어(한자)	훈(뜻)·음(소리)	뜻풀이·교과서
1765	혼례(婚禮)	혼인할 혼 예도 례	결혼식을 하는 의식 사회3-2 5-2 6-2
1766	혼잡(混雜)	섞을 혼 섞일 잡	뒤섞이어 복잡함 사회4-1
1767	혼합(混合)	섞을 혼 합할 합	섞어서 합침 수학4-1 6-2 사회6-2 과학4-1 5-1 6-2
1768	홍보(弘報)	넓을, 클 홍 알릴 보	널리 알림 국어4-2가 5-2나 6-2가 사회3-2 4-1,2
1769	홍수(洪水)	넓을 홍 물 수	비가 많이 와서 냇물이나 강물이 크게 불어남 국어4-1나 5-2나 6-1나 수학6-2 사회3-1 4-2 5-1 6-1 과학5-2 6-1
1770	화가(畵家)	그림 화 사람 가	그림을 잘 그리는 사람 ※참고 : 화(畫)=화(畵)는 같이 사용 국어6-2나 사회4-2
1771	화관(花冠)	꽃 화 갓 관	꽃으로 장식한 관, 꽃의 구조 중 꽃부리 부분 국어4-1나
1772	화단(花壇)	꽃 화 단 단	꽃을 심어 놓은 작은 밭 국어6-2가 수학5-2 사회3-1 과학3-2 4-1 6-1
1773	화려(華麗)	빛날 화 고울 려	빛나고 아름다움 국어2-2가 4-1나 5-2가,나 사회5-2 6-2 과학4-2
1774	화면(畵面)	그림 화 겉, 낯 면	그림이 비쳐지는 면 국어4-1나 6-2나 사회4-2 6-2 과학5-2 6-1,2
1775	화분(花盆)	꽃 화 동이 분	관상용 꽃을 심는 작은 항아리 국어1-1나 국어3-1나 3-2나 5-1가 6-2가 수학1-1 5-1 과학5-2
1776	화사(華奢)	빛날 화 사치할 사	화려하고 사치스러움 국어4-2가 6-2가

번호	단어(한자)	훈(뜻)·음(소리)	뜻풀이·교과서
1777	화상(畫像)	그림 화 형상 상	텔레비전 수상기에 나타나는 모습 사회3-1
1778	화석(化石)	될 화 돌 석	동물의 유해가 암석 속에 남아 있는 것 국어3-2나 과학3-2 4-2 5-2 6-1,2
1779	화실(畫室)	그림 화 집 실	그림을 그리거나 조각을 하는 방 국어4-1가
1780	화장(化粧)	될 화 단장할 장	약품을 얼굴에 발라 아름답게 꾸밈 국어4-2가 과학4-2
1781	화장실(化粧室)	될 화 단장할 장 방, 집 실	용변도 보고 세면도 하며 차림도 꾸미는 곳 국어1-2나 2-1나 사회3-2 과학5-2
1782	화채(花菜)	꽃 화 나물 채	과실이나 꽃잎에 꿀이나 설탕을 탄 음료 국어3-1나
1783	화초(花草)	꽃 화 풀 초	꽃과 풀 국어4-1가 과학4-1
1784	화폐(貨幣)	재물 화 화폐 폐	돈, 상품을 교환하는 매개 국어5-1가 수학2-2 사회5-1,2 6-1,2
1785	화학(化學)	될 화 배울 학	물질의 구조·성질·작용을 연구하는 자연과학 학문 수학4-2 사회5-1 6-1,2 과학6-2
1786	화합(和合)	화목할, 화할 화 합할 합	서로 화목하게 잘 어울림 국어4-2가 국어6-2가 사회4-2
1787	화해(和解)	화해할, 화할 화 풀 해	다툼을 그치고 풂 국어4-1가 5-1가
1788	확대(擴大)	넓힐 확 큰 대	넓혀서 크게 함 수학6-1 사회4-2 6-2 과학4-2

번호	단어(한자)	훈(뜻)·음(소리)	뜻풀이·교과서
1789	확보(確保)	굳을, 확실할 확 도울 보	확실히 보유하거나 보전함 국어6-1나 과학4-2
1790	확인(確認)	굳을, 확실할 확 알 인	확실하게 알아보고 인정함 국어1-1가 1-2가 2-1가,나 2-2가,나 3-1가 3-2가,나 4-1가,나 4-2나 5-1가,나 5-2가,나 6-1나 6-2가,나 수학1-2 2-1,2 3-1 4-2 5-1,2 6-2 사회4-2 6-2 과학4-1 5-1,2 6-1,2
1791	환경(環境)	고리 환 지경 경	주위의 사물이나 사정 국어2-2나 3-1나 4-1나 4-2가,나 5-1나 5-2나 6-1나 6-2가,나 수학1-2 2-1 5-2 6-2 사회3-1 3-2 4-1 5-1,2 6-1,2 과학3-2 5-1,2 6-1
1792	환기(換氣)	바꿀 환 공기 기	실내와 실외의 공기를 바꿈 사회3-2
1793	환자(患者)	근심 환 사람 자	병을 앓는 사람 사회4-2 6-2
1794	환호(歡呼)	부를 환 부를짖을 호	기뻐서 지르는 소리 과학4-2
1795	활동(活動)	살 활 움직일 동	어떤 목적을 위해 애쓰거나 돌아다님 국어2-1나 2-2가 2-2나 4-1나 4-2나 5-2가,나 6-2가,나 수학1-2 2-1,2 3-2 사회3-2 4-2 6-2 과학3-1 3-2 4-1,2 5-2 6-1,2
1796	활용(活用)	살 활 쓸 용	본래의 기능을 살려 다른 곳에 응용함 국어2-1나 2-2가,나 3-1가 4-1나 4-2가,나 5-1가,나 5-2가,나 6-2가,나 수학2-1 3-2 4-2 6-2 사회3-1 3-2 6-2 과학5-2 6-2
1797	활자(活字)	살 활 글자 자	인쇄에 쓰이는 규격에 맞는 글자 국어4-2나 6-2나 사회5-2
1798	황공(惶恐)	두려울 황 두려울 공	지위나 위엄에 눌려 몹시 두려움 국어3-2나
1799	황제(皇帝)	임금 황 임금 제	제국의 군주 국어3-2나 사회5-2 6-2
1800	황토(黃土)	누를 황 흙 토	빛깔이 누런 흙 사회3-2

번호	단어(한자)	훈(뜻)·음(소리)	뜻풀이·교과서
1801	황홀(恍惚)	황홀할 황 문득 홀	사물에 마음을 빼앗겨 멍한 모양 국어4-1나
1802	회관(會館)	모일 회 집 관	회의 등을 하기 위해 지은 집 국어4-1나
1803	회사(會社)	모일 회 모일 사	상행위나 이익을 남기려고 모인 집단 국어4-2가 5-2나 6-1가,나 사회4-1 4-2
1804	회의(會議)	모일 회 의논할 의	모여서 의논함 국어4-1가,나 4-2가,나 5-2가 6-2가,나 사회4-2 6-2
1805	회장(會長)	모일 회 우두머리 장	학교 어린이회 또는 어떤 모임을 대표하는 사람 국어4-2나 6-2가 사회6-2
1806	회전(回轉)	돌 회 구를 전	빙글빙글 돌아감 수학4-2 사회6-2 과학6-1,2
1807	회화(會話)	모일 회 말할 화	모여서 이야기함, 영어로 말을 주고받음 국어4-2나
1808	횡단(橫斷)	가로 횡 끊을 단	가로 지름 국어3-1 4-1가,나 4-2가,나 5-1나 사회4-2 6-2 과학5-2
1809	효과(效果)	본받을 효 결과 과	보람 있는 결과 국어4-2가,나 5-2가,나 6-1가,나 6-2가,나 수학5-2 사회5-2 과학4-2 5-2
1810	효도(孝道)	효도 효 도리, 길 도	어버이를 잘 섬기는 도리 사회3-2 4-2
1811	후보(候補)	물을 후 기울 보	선거에서 뽑히려고 나선 사람 국어6-2가 사회4-1
1812	후손(後孫)	뒤 후 손자 손	여러 대가 지난 뒤의 자손 국어3-1나 5-2나 6-1나 사회5-2

번호	단어(한자)	훈(뜻)·음(소리)	뜻풀이·교과서
1813	후회(後悔)	뒤 후 뉘우칠 회	일이 끝난 뒤에 뉘우침 국어2-1가 2-2가 2-2나 5-1가 6-1가 사회4-2
1814	훈련(訓練)	가르칠 훈 익힐 련	무예나 기술 등을 실제로 배워 익힘 국어5-1나 6-1가 6-2나 사회4-2 사회5-2
1815	훈화(訓話)	가르칠 훈 말씀 화	훈시하는 교육적인 말 국어3-2가
1816	훼손(毁損)	헐 훼 덜 손	헐거나 깨뜨려 못쓰게 함 국어4-1나 6-1나 사회5-1 6-1 과학4-2 6-1
1817	휴가(休暇)	쉴 휴 겨를 가	직장에서 일정기간 쉬는 일 사회4-1,2
1818	휴게실(休憩室)	쉴 휴 들 게 집 실	일을 하거나 길을 가다가 잠시 쉬는 곳 수학2-2
1819	휴대(携帶)	(손에) 들, 이끌 휴 띠 대	손에 들거나 몸에 지님 국어4-1나 4-2가 5-1나 5-2가 6-2나 사회5-1 6-1,2 과학3-2 5-1 6-1,2
1820	휴식(休息)	쉴 휴 쉴 식	편히 쉼 국어5-2나 6-2가 수학6-1 사회4-1,2 과학5-2
1821	휴지(休紙)	쉴 휴 종이 지	한 번 쓰고 버리는 종이 수학1-1 2-2
1822	휴직(休職)	쉴 휴 직분 직	신분은 유지하면서 일정 동안 쉬는 일 사회4-2
1823	흔적(痕迹)	흔적 흔 자취 적	뒤에 남은 자국 국어3-2가 5-1나 5-2가 6-1가 사회5-2 과학3-2
1824	흡수(吸收)	마실 흡 거둘 수	빨아들임 수학5-2 과학4-2 5-1,2

번호	단어(한자)	훈(뜻)·음(소리)	뜻풀이·교과서
1825	흡착포(吸着布)	마실 흡 붙을 착 베 포	기름 따위를 빨아들이어 붙게 하는 천 과학4-1
1826	흥미(興味)	일 흥 맛 미	대상에 이끌리어 관심을 가지는 감정 국어3-2나 4-2가 5-1가 5-2가 6-1가,나 과학6-1,2
1827	희망(希望)	바랄 희 바랄 망	좋은 결과를 바라는 마음 국어3-1가,나 4-1가 4-2나 5-1가 5-2가 6-1나 6-2가,나
1828	희미(稀微)	드물 희 작을 미	또렷하지 못하고 어렴풋함 국어4-2가
1829	희생(犧牲)	희생 희 희생 생	제 몸이나 귀중한 것을 남을 위해 바침 국어3-2나 5-2가 6-1나 6-2가 사회6-2
1830	희소(稀少)	드물 희 적을 소	아주 드묾, 흔하지 않음 사회4-2

이상은 초등학교 1~6학년 총 52권의 교과서(국어·수학·사회·과학)에 등재된 한자어(漢字語/단어=낱말)입니다.

총 한자어 3,468개 / 중복한자(1~6학년) 13,029개, 가장 많이 쓰이는 한자어는 비교(比較)로, 총 52개의 교과서 중 44권에 등재되어 있으며, 이외에도 짐작(斟酌)과 자세(仔細)가 각각 14권, 26권에 등재되어 있습니다.

등재된 한자어 중 의미나 쓰임 면에서 아이들이 가장 어려워하는 것은 녹로(轆轤)와 장생(長栍)이었습니다.

한자어는 따로 공부하지 않더라도 정확한 뜻은 알고 사용해야 한다고 생각합니다.

한자어 또한 한국어로 발음되는 '우리말'이기 때문입니다.

漢字語 교과서에 나오는 어려운 한자어

갈등	葛藤	1. 칡과 등나무가 엉키듯이, 이해관계가 뒤엉켜 복잡한 관계 2. 허준이 갈등한 까닭은 무엇일..	국어 6-2가/26
격구	擊毬	1. 옛날, 말을 타고 공을 막대로 쳐서 구멍에 넣는 오락 2. 조선 초기 사람들은 격구라는 놀이..	사회 5-2/63
균열	龜裂	1. 이리저리 갈라짐 틈이 생김 2. 연결된 관에 균열이 생겨 발생한 것으로..	과학 5-2/64
기호	嗜好	1. 영양과 관계없이 먹고 즐김(껌, 담배, 커피 등) 2. 어린이 기호식품을 만들거나 파는 곳에서는..	사회 6-2/23
나전	螺鈿	1. 소라의 아롱진 껍질로 무늬를 새김 2. 고려는 송에 금·은·나전칠기·화문석·인삼..	사회 5-2/92
녹로	轆轤	1. 무거운 것을 들어 올리거나 움직이게 하는 도르래, 물레 2. 거중기, 녹로 등의 새로운..	국어 4-2나/236
말갈	靺鞨	1. 삼국시대 무렵 만주 지방에 살던 종족이름 2. 고구려의 옛 땅과 말갈의 여러 부족이 살고..	사회 5-2/61
말초	末梢	1. 사물의 맨 끝머리 2. 말초 신경계	과학 5-2/121
면봉	綿棒	1. 작은 막대기 끝에 솜으로 싼 물건 2. 기름 종이를 올려 놓고 면봉으로 탄산..	과학 5-2/53
문양	紋樣	1. 아름답게 꾸민 무늬 2. 태극 문양은 음과 양의 조화를 상징합니다	사회 4-2/113
미천	微賤	1. 낮고 천한 신분이라 보잘 것 없음 2. 저같이 미천한 짐승이 용왕님을 위하여..	국어 3-2나/201
밀랍	蜜蠟	1. 벌의 배설물, 벌똥 2. 밀랍에 한 글자씩 새겨 어미자를 만든다	사회 5-2/114
발랄	潑剌	1. 표정이나 행동이 생기 있고 밝음 2. 명랑하고 발랄해..	수학 5-1/122

한글	한자	뜻	출처
발효	醱酵	1. 곰팡이 작용 등으로 유기물질이 분해됨 2. 샐러드와 달리 발효시킨 김치는 신맛 때문에..	사회 6-2/183
방광	膀胱	1. 오줌통 2. 오줌은 방광을 통하여..	과학 5-2/118
배낭	背囊	1. 물건을 넣어 등에 지는 큰 주머니 2. 우주선 밖으로 나갈 때에는 배낭처럼 생긴..	과학 4-2/149
별안간	瞥眼間	1. 눈 깜짝할 동안의 아주 짧은 동안 2. 쿵쿵이는 별안간 수민이를 덥석 안고 일어..	국어 2-2가/36
붕대	繃帶	1. 헌데나 상처 난 곳을 두르는 소독을 한 천 2. 약을 바르고 붕대를 감아..	국어 5-2나/301
비단	緋緞	1. 명주실로 두텁고 광택이 나게 짠 피륙 2. 송에서 비단, 약재, 서적, 자기 등을 수입..	사회 5-2/92
빈번	頻繁	1. 일이 매우 잦음 2. 방학 숙제 등 과제물 표절 빈번	사회 6-2/169
사암	砂巖	1. 알갱이가 큰 모래가 굳어져 생긴 암석 2. 사암은 진흙보다 알갱이의 크기가 굳어져..	과학 3-2/62
산호	珊瑚	1. 바다밑 산호충강의 식물 죽으면 골격만 남음 2. 산호와 같이 작은 생물이나 바다에 녹아..	과학 3-2/66
상감	象嵌	1. 도자기에 그림을 새겨서 판 후 다른 색깔로 메우는 기법 2. 독창적인 상감기법으로 청자를..	사회 5-2/111
서식	棲息	1. 깃들어 삶 2. 환경오염 등으로 동물의 서식지가 줄어들고..	과학 3-2/50
섬세	纖細	1. 찬찬하고 세밀함, 곱고 가늚 2. 화려하고 섬세한 솜씨가 돋보이는 유물을..	사회 5-2/47
수렵	狩獵	1. 사냥. 산이나 들에서 짐승을 잡음 2. 수렵도(벽화의 그림사진)	사회 5-2/46
순록	馴鹿	1. 사슴과(사슴과 비슷함)의 짐승 2. 북쪽 지역에 순록 경찰대를 만들지 검토..	사회 6-2/80
습곡	褶曲	1. 지층에 주름이 생겨 휘어져 주름이 생긴 곳 2. 지층이 휘어진 곳을 습곡이라고 하고..	과학 3-2/57
아첨	阿諂	1. 남에게 알랑거리며 비위를 맞춤 2. 오소리의 칭찬과 아첨에 원숭이는 우쭐해..	국어 6-1나/175
야단	惹端	1. 매우 떠들썩하고 부산스러움 2. 먼저 가겠다고 야단입니다	사회 6-2/73
양말	洋襪	1. 발을 보호하기 위하여 신는 서양식 버선 2. 버선 대신 양말을 신고, 갓을 벗고..	사회 3-2/72

어색	語塞	1.말이 막히거나 서먹서먹하고 멋쩍고 쑥스러움 2.발음과 억양이 어색하다고 따라하거나..	사회 3-2/153
억울	抑鬱	1.억눌려 마음이 답답함 2.건물을 짓지 못한다는 것은 억울해요	사회 6-2/42
역암	礫巖	1.자갈이나 모래가 굳어져 생긴 암석 2.진흙 등이 굳어져 생긴 암석을 역암이라고..	과학 3-2/62
울창	鬱蒼	1.나무가 빽빽하게 늘어서 무성하고 푸름 2.나무가 점점 더 울창하고, 더 어두운 깊숙한..	국어 5-2나/192
융단	絨緞	1.두껍게 짠 모직물 2.지니가 만든 융단 위에 탔다	국어 6-2가/116
은근	慇懃	1.마음속으로 생각하는 정이 깊음 2.아내는 은근히 칭찬을 기대하는 눈치였다	국어 4-1나/256
이암	泥巖	1.알갱이가 작은 진흙이 굳어져 생긴 암석 2.작은 것이 굳어져 만들어진 암석을 이암..	과학 3-2/62
자세	仔細	1.자상하고 세밀함 2.자세히 쳐다본다	국어 3-2가/30
장니	障泥	1.말안장에 흙이 튀어 붙지 않게 한 기구 2.장니천마도	사회 5-2/48
장생	長栍	1.장승의 원말, 사람의 얼굴을 새겨 세운 나무 2.외부와의 경계에 장생표를 세워 그 안의..	사회 5-2/107
장롱	欌籠	1.옷가지나 귀중품을 넣어 두는 세간 2.그릇, 장롱 상자 등을 사용하였다	사회 5-2/111
쟁반	錚盤	1.운두가 얕고 둥글납작한 큰 그릇, 징처럼 생겼다 2.총총이의 입이 쟁반만 하게 벌어졌습..	국어 2-2가/34
점적병	點滴瓶	1.약물의 분량을 헤아리는 기구 2.점적병에 담긴 여러 가지 용액을 푸른색..	과학 5-2/57
정주	鼎廚	1.부엌과 안방사이에 벽 없이 부뚜막에 방바닥을 잇달아 꾸민 부엌 2.정주간에 있던 어머니..	국어 6-1나/184
주형	鑄型	1.쇠를 부어 어떤 모형을 만듦 2.주형 만들기	사회 5-2/114
지천	至賤	1.매우 흔하고 많음. 더할 나위 없이 천함 2.다래, 으름이 지천이었다	국어 6-1나/174
진지	眞摯	1.참되고 착실함 2.기쁨을 짐짓 감추며 진지하게..	국어 3-2나/202

짐작	斟酌	1.사정이나 형편을 어림잡아 헤아림 2.부모님께서는 짐작으로 무엇을 알아냈을 때..	국어 3-2가/26
창피	猖披	1.체면이 깎이거나 아니꼬운 일을 당함 2.창피해서 이런 이야기를 친구들에게..	국어 3-2가/27
치밀	緻密	1.꼼꼼하고 작고 빽빽함 2.계획을 치밀하게 세웠다	국어 5-2나/255
투호	投壺	1.떨어진 병에 화살을 던져 넣는 옛날의 오락 2.창의적으로 투호 놀이 하기	사회 3-2/108
표절	剽竊	1.남의 학설이나 작품을 자기 것으로 발표함 2.방학 숙제 등 과제물 표절 빈번	사회 6-2/169
표지	標識	1.어떤 사실을 알리기 위하여 일정한 표시를 해놓은 판 2.제품에 인증 표지를 붙입니다	과학 6-1/23
한적	閑寂	1.한가하고 고요함 2.한적한 농촌생활..	수학 6-1/118
해괴	駭怪	1.매우 괴상함 2.해괴한 일이로다	국어 5-2나/240
호박	琥珀	1.지질시대의 나무의 진이 굳어져 생긴 누런색 광물 2.곤충이나 식물이 들어 있는 호박은..	과학 3-2/76
훼방	毀謗	1.남을 헐뜯고 비방함 2.일본 헌병이 몇 번이고 훼방을 놓았지만..	국어 5-2나/254
흔적	痕迹	1.뒤에 남은 자국 2.공주는 용이 지나간 흔적을 따라 계속 걸어..	국어 3-2가/69
희박	稀薄	1.물거나 엷음. 또는 일의 가망이 적음 2.인공위성은 지구의 중력과 희박한 대기와의..	국어 6-2나/157

頭音法則 두음법칙이 적용되는 한자어

한자어의 첫 음(音)이 변하는 경우(境遇)가 있는데 이를 두음법칙(頭音法則)이라 한다. 즉, 한자어의 첫머리(앞소리)에 'ㄴ' 또는 'ㄹ'이 위치할 경우 예를 들어 '녀'는 '여'로, '량'은 '양'으로 변한다. 단, 첫머리 이외의 경우는 본음(本音)대로 적는다.

본래(本來)의 음(音)		변화(變化)된 음(音)	
男女	남녀	女子	여자
少女	소녀	女軍	여군
敬老	경로	老人	노인
苦樂	고락	樂觀	낙관
行樂	행락	樂勝	낙승
凶年	흉년	年老	연로
停年	정년	年歲	연세
記念	기념	念頭	염두
功勞	공로	勞使	노사
去來	거래	來年	내년
到來	도래	來韓	내한
善良	선량	良民	양민
數量	수량	量産	양산
明朗	명랑	朗讀	낭독
敬禮	경례	禮節	예절

無禮	무례	禮物	예물
道路	도로	路上	노상
鐵路	철로	路面	노면
無理	무리	理由	이유
順理	순리	理科	이과
行旅	행려	旅客	여객
電力	전력	力說	역설
來歷	내력	歷史	역사
訓練	훈련	練習	연습
首領	수령	領空	영공
比例	비례	例規	예규
草綠	초록	綠色	녹색
新綠	신록	綠地	녹지
無料	무료	料金	요금
上流	상류	流行	유행
大陸	대륙	陸地	육지
着陸	착륙	陸橋	육교
洞里	동리	里長	이장
有利	유리	利害	이해
不利	불리	利用	이용
育林	육림	林業	임업
樹林	수림	林産	임산
建立	건립	立案	입안
獨立	독립	立法	입법
種類	종류	類別	유별

참고 : 冷水(냉수), 落葉(낙엽), 勞動(노동)으로 읽어야 합니다.

部首의 名稱
부수의 이름

1획

一 한 일
丨 위아래로 통할 곤
丶 심지 주
丿 좌로 삐칠 별
乙 굽을(새) 을
亅 갈고리 궐

2획

二 두 이
亠 돼지해머리 두
人 사람 인
儿 밑사람 인
入 들 입
八 여덟 팔
冂 멀 경
冖 덮을 멱
冫 얼음 빙
几 안석 궤
凵 입벌릴 감
刀(刂) 칼 도
力 힘 력
勹 쌀 포
匕 비수 비
匚 상자 방
匸 감출 혜
十 열 십

卜 점 복
卩(㔾) 병부 절
厂 언덕 엄
厶 사사로울 사
又 또 우

3획

口 입 구
囗 에울 위
土 흙 토
士 선비 사
夂 뒤져올 치
夊 천천히 걸을 쇠
夕 저녁 석
大 큰 대
女 계집 녀
子 아들 자
宀 집 면
寸 마디 촌
小 작을 소
尢 절름발이 왕
尸 주검 시
屮 싹날 철
山 메 산
巛(川) 내 천
工 장인 공
己 몸 기

巾 수건 건
干 방패 간
幺 작을 요
广 바윗집 엄
廴 길게 걸을 인
廾 받들 공
弋 주살 익
弓 활 궁
彐 돼지머리 계
彡 터럭 삼
彳 조금 걸을 척

4획

心(忄:㣺) 마음 심
戈 창 과
戶 지게문 호
手(扌) 손 수
支 지탱할 지
攴(攵) 칠 복
文 글월 문
斗 말 두
斤 도끼 근
方 모 방
日 날 일
无(旡) 없을 무
曰 가로 왈
月 달 월

木 나무 목
欠 하품 흠
止 그칠 지
歹(歺) 살 발린 뼈 알
殳 창 수
毋 말 무
比 견줄 비
毛 터럭 모
氏 성씨 씨
气 기운 기
水(氵:氺) 물 수
火(灬) 불 화
爪(爫) 손톱 조
父 아비 부
爻 사귈 효
爿 조각 널 장
片 조각 편
牙 어금니 아
牛 소 우
犬(犭) 개 견

5획

玄 검을 현
玉(王) 구슬 옥
瓜 오이 과
瓦 기와 와
甘 달 감
生 날 생
用 쓸 용
田 밭 전
疋 필 필 / 발 소
疒 병들어 기댈 녁

癶 걸을 발
白 흰 백
皮 가죽 피
皿 그릇 명
目 눈 목
矛 창 모
矢 화살 시
石 돌 석
示(礻) 보일 시
禸 짐승발자국 유
禾 벼 화
穴 구멍 혈
立 설 립

6획

竹 대 죽
米 쌀 미
糸 실 사
缶 장군 부
网(罒) 그물 망
羊 양 양
羽 깃 우
老(耂) 늙을 로
而 말이을 이
耒 따비(쟁기) 뢰
耳 귀 이
聿 붓 율
肉(月) 고기 육
臣 신하 신
自 스스로 자
至 이를 지
臼 절구 구

舌 혀 설
舛 어그러질 천
舟 배 주
艮 그칠 간
色 빛 색
艸(艹) 풀 초
虍 호랑이무늬 호
虫 벌레 충
血 피 혈
行 다닐 행
衣 옷 의
襾 덮을 아

7획

見 볼 견
角 뿔 각
言 말씀 언
谷 골 곡
豆 콩 두
豕 돼지 시
豸 맹수 치
貝 조개 패
赤 붉을 적
走 달아날 주
足 발 족
身 몸 신
車 수레 거
辛 매울 신
辰 별 진
辵(辶) 쉬엄쉬엄 갈 착
邑(阝) 고을 읍
酉 술(닭) 유

釆 나눌 변
里 마을 리

8획

金 쇠 금
長 긴 장
門 문 문
阜(阝) 언덕 부
隶 밑 이/미칠 체
隹 새 추
雨 비 우
靑 푸를 청
非 아닐 비

9획

面 낯 면
革 가죽 혁
韋 가죽 위
韭 부추 구
音 소리 음
頁 머리 혈
風 바람 풍
飛 날 비
食 밥 식
首 머리 수
香 향기 향

10획

馬 말 마
骨 뼈 골
高 높을 고
髟 머리털 날릴 표
鬥 싸움 투
鬯 술 창
鬲 가로막을 격
鬼 귀신 귀

11획

魚 고기 어
鳥 새 조
鹵 소금밭 로
鹿 사슴 록
麥 보리 맥
麻 삼 마

12획

黃 누를 황
黍 기장 서
黑 검을 흑
黹 바느질 치

13획

黽 맹꽁이 맹
鼎 솥 정
鼓 북 고
鼠 쥐 서

14획

鼻 코 비
齊 가지런할 제

15획

齒 이 치

16획

龍 용 룡
龜 거북 귀

17획

龠 피리 약

- 부수는 뜻이 일치하는 경우가 약 85%입니다. 나머지 15%는 부수와 관계가 없습니다.
  (위 근거 기준은 교육용 기초 한자 1800자 기준입니다.)
- 부수는 옥편에서 쉽게 찾기 위하여 부분 집합을 한 것입니다.

찾아보기
(1,739字)

가

家(宀/10) 집,사람(전문가) 가
歌(欠/14) 노래 가
價(人/15) 값 가
加(力/05) 더할 가
可(口/05) 옳을,가할 가
假(人/11) 거짓 가
街(行/12) 거리 가
暇(日/13) 겨를,틈 가
架(木/09) 시렁 가
伽(人/07) 절,가야(나라이름) 가
各(口/06) 각각,따로 각
角(角/07) 뿔,모서리 각
刻(刀/08) 새길,시각(時刻) 각
覺(見/20) 깨달을 각
脚(肉/11) 다리 각
閣(門/14) 집 각
却(卩/07) 물리칠 각
間(門/12) 사이 간
干(干/03) 방패,범할,막을 간
看(目/09) 볼 간
簡(竹/18) 대쪽,간략할,글 간
刊(刀/05) 새길 간
懇(心/17) 간절할 간
肝(肉/07) 간 간
奸(女/06) 간사할 간
渴(水/12) 목마를 갈
葛(艹/13) 칡 갈
鞨(革/18) 오랑캐이름,말갈 갈

褐(衣/14) 굵은베옷,갈색 갈
感(心/13) 느낄 감
減(水/12) 덜 감
監(皿/14) 볼 감
敢(攴/12) 감히,굳셀 감
鑑(金/22) 거울,볼,살필 감
憾(心/16) 섭섭할 감
堪(土/12) 견딜 감
嵌(山/12) 끼울,새길 감
甲(田/05) 갑옷,껍질 갑
匣(匚/07) 갑 갑
江(水/06) 강 강
強(弓/11) 강할,굳셀 강
康(广/11) 편안 강
講(言/17) 욀,강의 강
降(阜/09) 내릴,항복할 강,항
綱(糸/14) 벼리 강
鋼(金/16) 강철 강
開(門/12) 열 개
改(攴/07) 고칠 개
介(人/04) 끼일 개
槪(木/15) 대개 개
客(宀/09) 손,나그네 객
去(厶/05) 갈 거
擧(手/18) 들 거
居(尸/08) 살 거
巨(工/05) 클 거
拒(手/08) 막을 거
據(手/16) 근거,의거할 거

距(足/12) 상거할,사이뜰 거
倨(人/10) 거만할 거
件(人/06) 물건,건 건
健(人/11) 굳셀 건
建(廴/09) 세울 건
乾(乙/11) 하늘,마를 건
巾(巾/03) 수건 건
虔(虍/10) 공경할 건
檢(木/17) 검사할 검
儉(人/15) 검소할 검
劍(刀/15) 칼 검
憩(心/16) 쉴 게
揭(手/12) 들,걸 게
格(木/10) 격식 격
擊(手/17) 칠 격
激(水/16) 격할 격
隔(阜/13) 사이뜰 격
見(見/07) 볼,견해, 견
堅(土/11) 굳을 견
遣(辵/14) 보낼 견
決(水/07) 결단할 결
結(糸/12) 맺을 결
潔(水/15) 깨끗할 결
缺(缶/10) 이지러질,빠질 결
訣(言/11) 이별할,비결 결
謙(言/17) 겸손할 겸
京(亠/08) 서울 경
敬(攴/13) 공경할 경
景(日/12) 볕,경치 경

競(立/20) 다툴 경
輕(車/14) 가벼울 경
境(土/14) 지경 경
慶(心/15) 경사 경
經(糸/13) 지날,다스릴,글,날줄 경
警(言/20) 깨우칠,경계할 경
傾(人/13) 기울 경
鏡(金/19) 거울 경
驚(馬/23) 놀랄 경
耕(耒/10) 밭갈 경
界(田/09) 지경 계
計(言/09) 셀 계
係(人/09) 맬 계
季(子/08) 계절,철 계
系(糸/07) 이어맬,이을 계
繼(糸/20) 이을 계
階(阜/12) 섬돌,층계 계
鷄(鳥/21) 닭 계
契(大/09) 맺을 계
械(木/11) 기계 계
溪(水/13) 시내 계
高(高/10) 높을 고
古(口/05) 예 고
苦(艹/09) 쓸,괴로울 고
告(口/07) 고할,알릴 고
固(口/08) 굳을 고
考(老/06) 생각할 고
故(攴/09) 연고,일,죽은사람 고
庫(广/10) 곳집 고
姑(女/08) 시어미,고모 고
鼓(鼓/13) 북 고
枯(木/09) 마를 고
雇(隹/12) 품팔이 고
拷(手/09) 칠 고

曲(日/06) 굽을,가사,곡진할 곡
穀(禾/15) 곡식 곡
哭(口/10) 울 곡
谷(谷/10) 골 곡
困(口/07) 곤할 곤
昆(日/08) 맏,곤충 곤
棍(木/10) 몽둥이 곤
骨(骨/10) 뼈 골
工(工/03) 장인 공
空(穴/08) 빌,하늘 공
公(八/04) 공평할 공
共(八/06) 한가지 공
功(力/05) 공(勳) 공
孔(子/04) 구멍,성(姓) 공
攻(攴/07) 칠 공
供(人/08) 이바지할 공
恐(心/10) 두려울 공
恭(心/10) 공손할 공
貢(貝/10) 바칠 공
果(木/08) 실과,열매,결과 과
科(禾/09) 과목,과거 과
課(言/15) 공부,매길 과
過(辶/13) 지날,허물 과
誇(言/13) 자랑할 과
菓(艹/12) 과자 과
郭(邑/11) 둘레,외성 곽
觀(見/25) 볼 관
關(門/19) 관계할,빗장 관
官(宀/08) 벼슬,기관 관
管(竹/14) 대롱,주관할 관
冠(冖/09) 갓 관
慣(心/14) 익숙할, 버릇 관
館(食/17) 집 관
括(手/09) 묶을 괄

光(儿/06) 빛 광
廣(广/15) 넓을 광
鑛(金/23) 쇳돌 광
胱(肉/10) 오줌통 광
壞(土/19) 무너질 괴
怪(心/08) 기이할 괴
槐(木/14) 회화나무 괴
宏(宀/07) 클 굉
敎(攴/11) 가르칠 교
校(木/10) 학교 교
交(亠/06) 사귈 교
巧(工/05) 공교할 교
較(車/13) 견줄,비교할 교
口(口/03) 입,어귀 구
球(玉/11) 공 구
區(匚/11) 구분할,지경 구
具(八/08) 갖출 구
舊(臼/18) 예 구
救(攴/11) 구원할 구
句(口/05) 글귀 구
求(水/07) 구할 구
究(穴/07) 연구할 구
構(木/14) 얽을 구
久(丿/03) 오랠 구
拘(手/08) 잡을 구
驅(馬/21) 몰 구
購(貝/17) 살 구
寇(宀/11) 도적 구
毬(毛/11) 공 구
國(口/11) 나라 국
局(尸/07) 판 국
菊(艹/12) 국화 국
軍(車/09) 군사 군
君(口/07) 임금 군

群(羊/13) 무리 군
屈(尸/08) 굽힐,굽을 굴
掘(手/11) 팔 굴
窟(穴/13) 굴 굴
宮(宀/10) 집,궁 궁
窮(穴/15) 다할,궁할 궁
權(木/22) 권세 권
勸(力/20) 권할 권
拳(手/10) 주먹 권
圈(囗/11) 우리 권
闕(門/18) 대궐 궐
軌(車/09) 바퀴자국 궤
貴(貝/12) 귀할 귀
歸(止/18) 돌아갈 귀
鬼(鬼/10) 귀신 귀
規(見/11) 법 규
龜(龜/16) 터질,거북 균,구
均(土/07) 고를 균
菌(艹/12) 버섯,균 균
極(木/12) 다할,끝 극
劇(刀/15) 심할,연극 극
克(儿/07) 이길 극
戟(戈/12) 창 극
根(木/10) 뿌리 근
近(辵/08) 가까울 근
勤(力/13) 부지런할 근
筋(竹/12) 힘줄 근
懃(心/13) 은근할 근
金(金/08) 쇠,돈,금,성(姓) 금,김
今(人/04) 이제 금
禁(示/13) 금할 금
錦(金/16) 비단 금
急(心/09) 급할 급

挑(才/09) 돋울 도

級(糸/10) 등급 급
給(糸/12) 줄 급
及(又/04) 미칠 급
肯(肉/08) 즐길 긍
氣(气/10) 기운,공기 기
記(言/10) 기록할 기
旗(方/14) 기 기
基(土/11) 터,기초,근본 기
己(己/03) 몸 기
技(手/07) 재주 기
期(月/12) 기약할 기
汽(氵/07) 물끓는 김 기
器(口/16) 그릇 기
起(走/10) 일어날 기
奇(大/08) 기이할,기특할 기
寄(宀/11) 부칠 기
機(木/16) 틀,기계 기
紀(糸/09) 벼리 기
企(人/06) 꾀할 기
其(八/08) 그 기
祈(示/09) 빌 기
幾(幺/12) 몇 기
棄(木/12) 버릴 기
嗜(口/13) 즐길 기
妓(女/07) 기생 기
緊(糸/14) 긴할 긴
吉(口/06) 길할 길

나

那(邑/07) 어찌 나
懦(心/17) 나약할 나
諾(言/16) 허락할 낙
暖(日/13) 따뜻할 난
難(隹/19) 어려울 난

煖(火/13) 더울 난
南(十/09) 남녘 남
男(田/07) 사내 남
納(糸/10) 들일 납
囊(口/22) 주머니 낭
內(入/04) 안 내
耐(而/09) 견딜 내
女(女/03) 계집 녀
年(干/06) 해 년
念(心/08) 생각 념
寧(宀/14) 편안 녕
努(力/07) 힘쓸 노
奴(女/05) 종 노
農(辰/13) 농사 농
濃(水/16) 짙을 농
腦(肉/13) 뇌 뇌
尿(尸/07) 오줌 뇨
能(肉/10) 능할 능
泥(氵/08) 진흙 니

다

多(夕/06) 많을 다
短(矢/12) 짧을 단
團(囗/14) 둥글,모일 단
壇(土/16) 단 단
單(口/12) 홑 단
斷(斤/18) 끊을 단
檀(木/17) 박달나무 단
端(立/14) 끝,바를 단
段(殳/09) 층계,계단 단
丹(丶/04) 붉을 단
但(人/07) 다만 단
旦(日/05) 아침 단
鍛(金/17) 쇠불릴 단

緞(糸/15) 비단 단
達(辶/13) 통달할 달
談(言/15) 말씀,이야기 담
擔(手/16) 멜 담
答(竹/12) 대답 답
踏(足/15) 밟을 답
堂(土/11) 집 당
當(田/13) 마땅할 당
唐(口/10) 당나라,당황할,허풍 당
糖(米/16) 엿 당
大(大/03) 큰 대
代(人/05) 대신할 대
對(寸/14) 대할,대답할 대
待(彳/09) 기다릴,대비할 대
帶(巾/11) 띠 대
隊(阜/12) 무리 대
臺(至/14) 대 대
貸(貝/12) 빌릴,꿀 대
袋(衣/11) 자루 대
德(彳/15) 큰,덕 덕
道(辶/13) 길,방법 도
圖(囗/14) 그림 도
度(广/09) 헤아릴,법도 도
到(刀/08) 이를 도
島(山/10) 섬 도
都(邑/12) 도읍 도
導(寸/16) 인도할 도
徒(彳/10) 무리 도
盜(皿/12) 도둑,훔칠 도
逃(辶/10) 달아날,도망할 도
渡(水/12) 건널 도
途(辶/11) 길(行中) 도
陶(阜/11) 질그릇 도
濤(水/17) 물결 도

禱(示/19) 빌 도
萄(艹/12) 포도 도
讀(言/22) 읽을 독
獨(犬/16) 홀로 독
毒(毋/09) 독 독
督(目/13) 감독할 독
篤(竹/16) 도타울 독
敦(攴/12) 도타울 돈
頓(頁/13) 조아릴 돈
突(穴/09) 갑자기 돌
東(木/08) 동녘 동
動(力/11) 움직일 동
冬(冫/05) 겨울 동
同(口/06) 한가지 동
洞(水/09) 골,마을 동
童(立/12) 아이 동
銅(金/14) 구리 동
瞳(目/17) 눈동자 동
頭(頁/16) 머리 두
豆(豆/07) 콩 두
鈍(金/12) 둔할 둔
得(彳/11) 얻을 득
登(癶/12) 오를 등
等(竹/12) 무리,등급 등
燈(火/16) 등 등
藤(艹/19) 등나무 등

라

羅(网/19) 벌릴,새그물 라
螺(虫/17) 소라 라
樂(木/15) 즐길,노래,좋아할 락,악,요
落(艹/13) 떨어질 락
絡(糸/12) 이을 락

駱(馬/16) 낙타 락
亂(乙/13) 어지러울 란
卵(卩/07) 알 란
欄(木/17) 난간 란
剌(刀/09) 발랄할 랄
覽(見/21) 볼 람
濫(水/17) 넘칠 람
蠟(虫/21) 밀(벌똥) 랍
朗(月/11) 밝을 랑
浪(水/10) 물결,함부로 랑
郎(邑/10) 사내 랑
來(人/08) 올 래
冷(冫/07) 찰 랭
略(田/11) 간략할,약할 략
掠(手/11) 노략질할 략
良(艮/07) 어질,좋을 량
量(里/12) 헤아릴 량
兩(入/08) 두 량
糧(米/18) 양식 량
諒(言/15) 살펴알,믿을 량
輛(車/15) 수레 량
涼(水/12) 서늘할 량
旅(方/10) 나그네,여행할 려
麗(鹿/19) 고울 려
慮(心/15) 생각할 려
勵(力/17) 힘쓸 려
侶(人/09) 짝 려
力(力/02) 힘 력
歷(止/16) 지날 력
曆(日/16) 책력 력
礫(石/20) 조약돌 력
練(糸/15) 익힐 련
連(辶/11) 이을 련
聯(耳/17) 연이을 련

蓮(艹/15) 연꽃 련
鍊(金/17) 쇠불릴,단련할 련
煉(火/13) 달굴 련
列(刂/06) 벌일 렬
烈(火/10) 매울 렬
裂(衣/12) 찢을 렬
廉(广/13) 청렴할, 값쌀 렴
獵(犭/18) 사냥 렵
令(人/05) 하여금 령
領(頁/14) 거느릴 령
靈(雨/24) 신령 령
零(雨/13) 떨어질,영(zero) 령
齡(齒/20) 나이 령
例(人/08) 법식,본보기 례
禮(示/18) 예도 례
隷(隶/16) 종 례
老(老/06) 늙을 로
路(足/13) 길 로
勞(力/12) 일할 로
爐(火/20) 화로 로
露(雨/21) 이슬 로
虜(虍/13) 사로잡을 로
轤(車/23) 도로래 로
綠(糸/14) 푸를 록
錄(金/16) 기록할 록
鹿(鹿/11) 사슴 록
轆(車/18) 도로래 록
論(言/15) 논할 론
弄(廾/07) 희롱할 롱
籠(竹/22) 대바구니 롱
賴(貝/16) 의뢰할 뢰
料(斗/10) 헤아릴 료
了(亅/02) 마칠 료
僚(人/14) 동료 료

療(疒/17) 병고칠 료
龍(龍/16) 용 룡
樓(木/15) 다락 루
漏(水/14) 샐 루
陋(阜/09) 더러울 루
流(水/10) 흐를 류
類(頁/19) 무리 류
留(田/10) 머무를 류
柳(木/09) 버들 류
硫(石/12) 유황 류
六(八/04) 여섯 륙
陸(阜/11) 뭍,땅 륙
倫(人/10) 인륜 륜
律(彳/09) 법칙 률
率(玄/11) 비률,거느릴 률,솔
里(里/07) 마을 리
利(刂/07) 이할 리
理(王/11) 다스릴,이치 리
離(隹/19) 떠날 리
吏(口/06) 관리,벼슬아치 리
罹(网/16) 걸릴 리
隣(阜/15) 이웃 린
林(木/08) 수풀 림
臨(臣/17) 임할 림
立(立/05) 설 립
粒(米/11) 낟알 립

마

馬(馬/10) 말 마
摩(手/15) 문지를 마
痲(疒/13) 저릴 마
魔(鬼/21) 마귀 마
幕(巾/14) 막 막
漠(水/14) 사막 막

莫(艹/11) 없을 막
萬(艹/13) 일만 만
滿(水/14) 찰(가득),만족할 만
慢(心/14) 거만할 만
漫(水/14) 흩어질 만
末(木/05) 끝 말
鞨(革/14) 말갈 말
襪(衣/20) 버선 말
望(月/11) 바랄 망
亡(亠/03) 망할 망
罔(网/08) 없을 망
網(糸/14) 그물 망
芒(艹/07) 까끄라기 망
忙(心/11) 멍할 망
每(毋/07) 매양 매
買(貝/12) 살 매
賣(貝/15) 팔 매
妹(女/08) 누이,손아래 매
媒(女/12) 중매 매
埋(土/07) 묻을 매
魅(鬼/15) 매혹할 매
煤(火/13) 그을음 매
脈(肉/10) 줄기,맥 맥
猛(犬/11) 사나울 맹
盲(目/08) 소경 맹
盟(皿/13) 맹세 맹
面(面/09) 얼굴,낯,면,겉 면
免(儿/07) 면할 면
眠(目/10) 잘 면
綿(糸/13) 솜 면
滅(水/13) 멸할,꺼질 멸
名(口/06) 이름 명
命(口/08) 목숨 명
明(日/08) 밝을 명

鳴(鳥/14) 울 명
銘(金/14) 새길 명
瞑(目/15) 눈감을 명
母(毋/05) 어미 모
毛(毛/04) 털 모
模(木/15) 본뜰, 본 모
慕(心/15) 그릴 모
謀(言/16) 꾀 모
冒(冂/09) 무릅쓸 모
募(力/13) 모을 모
帽(巾/12) 모자 모
耗(耒/10) 소모할 모
木(木/04) 나무 목
目(目/05) 눈 목
牧(牛/08) 칠, 다스릴 목
睦(目/13) 화목할 목
沐(氵/07) 머리감을 목
沒(水/07) 빠질 몰
蒙(艹/14) 어두울 몽
墓(土/14) 무덤 묘
妙(女/07) 묘할 묘
廟(广/15) 사당 묘
苗(艹/09) 모 묘
描(手/12) 그릴 묘
無(火/12) 없을 무
務(力/11) 힘쓸, 일 무
武(止/08) 호반, 무기, 굳셀 무
舞(舛/14) 춤출 무
茂(艹/09) 무성할 무
貿(貝/12) 무역할 무
霧(雨/19) 안개 무
巫(工/07) 무당 무
默(黑/16) 잠잠할 묵
門(門/08) 문 문

問(口/11) 물을 문
文(文/04) 글월 문
聞(耳/14) 들을 문
紋(糸/10) 무늬 문
物(牛/08) 물건, 만물 물
美(羊/09) 아름다울, 뛰어날 미
味(口/08) 맛 미
未(木/05) 아닐 미
微(彳/13) 작을 미
迷(辶/10) 미혹할 미
民(氏/05) 백성 민
憫(心/15) 민망할 민
敏(攴/11) 민첩할 민
悶(心/12) 답답할 민
密(宀/11) 빽빽할, 깊숙할 밀
蜜(虫/14) 꿀 밀

바

朴(木/06) 성, 순박할 박
博(十/12) 넓을 박
拍(手/08) 칠, 손뼉칠 박
薄(艹/17) 엷을 박
迫(辶/09) 핍박할 박
泊(氵/08) 머무를, 배댈 박
舶(舟/11) 배 박
珀(玉/09) 호박(琥珀) 박
箔(竹/14) 발, 잠박 박
駁(馬/14) 논박할 박
半(十/05) 반 반
反(又/04) 돌이킬 반
班(玉/10) 나눌, 반열 반
盤(皿/15) 소반 반
般(舟/10) 일반 반
飯(食/13) 밥 반

伴(人/07) 짝 반
返(辶/08) 돌이킬 반
搬(手/13) 옮길 반
攀(手/19) 더위 잡을 반
礬(石/20) 백반 반
頒(頁/13) 나눌 반
發(癶/12) 필, 일으킬, 쏠, 떠날 발
髮(髟/15) 터럭 발
拔(手/08) 뽑을 발
渤(水/12) 바다이름 발
潑(水/15) 물뿌릴, 활발할 발
醱(酉/19) 술괼 발
方(方/04) 모, 방위, 곳 방
放(攴/08) 놓을 방
房(戶/08) 방 방
防(阜/07) 막을 방
妨(女/07) 방해할 방
倣(人/10) 본뜰 방
邦(邑/07) 나라 방
肪(肉/08) 기름 방
膀(肉/14) 오줌통 방
謗(言/17) 헐뜯을 방
倍(人/10) 곱 배
拜(手/09) 절 배
背(肉/09) 등 배
配(酉/42) 짝, 나눌 배
培(土/11) 북돋울 배
排(手/11) 밀칠 배
白(白/05) 흰, 아뢸 백
百(白/06) 일백 백
帛(巾/08) 비단 백
番(田/12) 차례 번
繁(糸/17) 번성할 번
伐(人/06) 칠 벌

罰(网/14) 벌할,벌줄 벌
犯(犬/05) 범할 범
範(竹/15) 법,모범 범
凡(几/03) 무릇 범
汎(水/06) 넓을 범
梵(木/11) 불경,범어 범
法(水/08) 법 법
壁(土/16) 벽 벽
璧(玉/18) 구슬 벽
變(言/23) 변할 변
邊(辵/19) 가 변
辯(辛/21) 말씀,말 잘할 변
別(刀/07) 다를,나눌 별
瞥(目/17) 눈깜짝할 별
病(疒/10) 병 병
兵(八/07) 군사 병
屛(尸/11) 병풍 병
竝(立/10) 나란히 병
瓶(瓦/13) 병 병
保(人/09) 지킬 보
報(土/12) 갚을,알릴 보
寶(宀/20) 보배 보
步(止/07) 걸음 보
普(日/12) 넓을 보
補(衣/12) 기울 보
譜(言/19) 족보,악보 보
服(月/08) 옷,따를,먹을 복
福(示/14) 복 복
復(彳/12) 회복할,다시 복,부
伏(人/06) 엎드릴 복
複(衣/14) 겹칠 복
覆(襾/18) 다시,덮을 복,부
本(木/05) 근본,판본 본
奉(大/08) 받들 봉

封(寸/09) 봉할 봉
逢(辵/11) 만날 봉
蜂(虫/13) 벌 봉
棒(木/12) 막대 봉
烽(火/11) 봉화 봉
父(父/04) 아비 부
夫(大/04) 지아비,남편 부
部(阝/11) 떼,부분 부
副(刀/11) 버금 부
婦(女/11) 며느리,아내 부
富(宀/12) 부자 부
府(广/08) 마을,관청 부
否(口/07) 아닐 부
負(貝/09) 질,짐질 부
付(人/05) 줄 부
扶(手/07) 도울 부
符(竹/11) 부호 부
簿(竹/19) 문서 부
腐(肉/14) 썩을,두부 부
賦(貝/15) 부세 부
附(阜/08) 붙을 부
膚(肉/15) 살갗 부
咐(口/08) 분부할 부
埠(土/11) 부두 부
孵(子/14) 알깔 부
北(匕/05) 북녘 북
分(刀/04) 나눌 분
粉(米/10) 가루 분
奔(大/08) 달릴 분
奮(大/16) 떨칠 분
紛(糸/10) 어지러울 분
墳(土/15) 무덤 분
吩(口/07) 분부할 분
噴(口/15) 뿜을 분

盆(皿/09) 동이 분
不(一/04) 아니 불
佛(人/07) 부처 불
拂(手/08) 떨 불
繃(糸/17) 묶을 붕
比(比/04) 견줄 비
費(貝/12) 쓸 비
備(人/12) 갖출 비
悲(心/12) 슬플 비
非(非/08) 아닐 비
飛(飛/09) 날 비
批(手/07) 비평할 비
碑(石/13) 비석 비
祕(示/10) 숨길 비
卑(十/08) 낮을 비
妃(女/06) 왕비 비
婢(女/11) 계집종 비
肥(肉/08) 살찔 비
泌(水/12) 분비할,스며흐를 비,필
琵(玉/12) 비파 비
痺(疒/13) 저릴 비
緋(糸/14) 비단 비
貧(貝/11) 가난할 빈
頻(頁/16) 자주 빈
氷(水/05) 얼음 빙

사

四(口/05) 넉 사
事(亅/08) 일 사
使(人/08) 하여금,부릴,사신 사
死(歹/06) 죽을 사
史(口/05) 사기(史記),역사 사
士(士/03) 선비,남자 사
寫(宀/15) 베낄 사

思(心/09) 생각 사
査(木/09) 조사할 사
寺(寸/06) 절 사
師(巾/10) 스승 사
舍(舌/08) 집 사
謝(言/17) 사례할 사
射(寸/10) 쏠 사
私(禾/07) 사사,사사로울 사
絲(糸/12) 실 사
辭(辛/19) 말씀,물러날(辭退) 사
司(口/05) 맡을 사
斜(斗/11) 비낄 사
沙(水/07) 모래 사
祀(示/08) 제사 사
詞(言/12) 말,글 사
邪(邑/07) 간사할 사
似(人/07) 닮을 사
些(二/08) 적을 사
奢(大/12) 사치할 사
徙(彳/11) 옮길 사
祠(示/10) 사당 사
砂(石/09) 모래 사
削(刀/09) 깎을 삭
山(山/03) 산, 메 산
算(竹/14) 셈 산
産(生/11) 낳을 산
散(攴/12) 흩을,흩어질 산
傘(人/12) 우산 산
酸(酉/14) 실(신맛) 산
珊(玉/09) 산호 산
殺(殳/11) 죽일 살
三(一/03) 석 삼
蔘(艹/15) 인삼 삼
上(一/03) 윗 상

商(口/11) 장사 상
相(目/09) 서로 상
賞(貝/15) 상줄 상
常(巾/11) 떳떳할 상
床(广/07) 상 상
想(心/13) 생각 상
狀(犬/08) 형상,문서 상,장
傷(人/11) 다칠,상할 상
象(豕/12) 코끼리,모양 상
像(人/14) 모양 상
償(人/17) 갚을 상
喪(口/12) 잃을,죽을 상
尙(小/08) 오히려 상
裳(衣/14) 치마 상
詳(言/13) 자세할 상
霜(雨/17) 서리 상
箱(竹/15) 상자 상
爽(爻/11) 시원할 상
璽(玉/19) 도장 새
色(色/06) 빛 색
塞(土/13) 막힐,변방 색,새
索(糸/10) 찾을,노(새끼줄) 색,삭
生(生/05) 날,살,자랄,사람(書生) 생
牲(牛/09) 희생 생
栍(木/09) 장승 생
西(襾/06) 서녘 서
書(曰/60) 글,책 서
序(广/07) 차례 서
徐(彳/10) 천천할 서
恕(心/10) 용서할 서
緖(糸/15) 실마리 서
署(网/14) 관청 서
敍(攴/11) 펼 서
暑(日/13) 더울 서

嶼(山/17) 섬 서
棲(木/12) 깃들 서
夕(夕/03) 저녁 석
席(巾/10) 자리 석
石(石/05) 돌 석
釋(釆/20) 풀 석
析(木/08) 쪼갤 석
錫(金/16) 주석 석
先(儿/04) 먼저,앞 선
線(糸/15) 줄 선
仙(人/05) 신선 선
鮮(魚/17) 고울,생선 선
善(口/12) 착할,좋을 선
船(舟/11) 배 선
選(辵/16) 가릴 선
宣(宀/09) 베풀 선
旋(方/12) 돌 선
繕(糸/18) 기울 선
扇(戶/10) 부채 선
膳(肉/16) 반찬 선
雪(雨/11) 눈 설
說(言/14) 말씀,달랠 설,세
設(言/11) 베풀 설
舌(舌/06) 혀 설
泄(水/08) 샐 설
纖(糸/23) 고울 섬
攝(手/21) 다스릴,잡을 섭
涉(水/10) 건널 섭
姓(女/08) 성 성
成(戈/07) 이룰 성
省(目/09) 살필,줄일,덜 성,생
性(忄/08) 성품,성질 성
城(土/10) 성,재 성
星(日/09) 별 성

盛(皿/12) 성할 성
聖(耳/13) 성인 성
聲(耳/17) 소리 성
誠(言/14) 정성 성
世(一/05) 인간,세상 세
歲(止/13) 해 세
洗(水/09) 씻을 세
勢(力/13) 형세 세
稅(禾/12) 세금 세
細(糸/11) 가늘 세
小(小/03) 작을 소
少(小/04) 적을 소
所(戶/08) 바,곳 소
消(水/10) 사라질,꺼질 소
掃(手/11) 쓸 소
素(糸/10) 본디,흴 소
燒(火/16) 사를 소
疏(疋/12) 소통할 소
訴(言/12) 호소할 소
蔬(艹/16) 나물 소
騷(馬/20) 떠들 소
紹(糸/11) 이을 소
逍(辶/11) 노닐 소
速(辶/11) 빠를 속
束(木/07) 묶을 속
俗(人/09) 풍속 속
續(糸/21) 이을 속
屬(尸/21) 붙일,무리 속
孫(子/10) 손자 손
損(手/13) 덜 손
遜(辶/14) 겸손할 손
送(辶/10) 보낼 송
松(木/08) 소나무 송
頌(頁/13) 기릴,칭송할 송

訟(言/11) 송사할 송
誦(言/14) 욀 송
悚(心/10) 두려울 송
刷(刀/06) 인쇄할 쇄
衰(衣/10) 쇠할 쇠
水(水/04) 물 수
手(手/04) 손,전문가 수
數(攴/15) 셈 수
樹(木/16) 나무 수
首(首/09) 머리 수
修(人/10) 닦을 수
受(又/08) 받을 수
守(宀/06) 지킬 수
授(手/11) 줄 수
收(攴/06) 거둘 수
秀(禾/07) 빼어날 수
垂(土/08) 드리울 수
壽(士/11) 목숨,오래살 수
帥(巾/09) 장수 수
殊(歹/10) 다를 수
獸(犬/19) 짐승 수
輸(車/16) 나를 수
隨(阜/16) 따를 수
囚(囗/05) 가둘 수
搜(手/12) 찾을 수
睡(目/13) 졸음 수
須(頁/12) 모름지기 수
狩(犬/09) 사냥할 수
粹(米/14) 순수할 수
繡(糸/19) 수놓을 수
蒐(艹/14) 모을 수
漱(水/14) 양치질할 수
燧(火/17) 봉화 수
宿(宀/11) 잘,묵을,별자리 숙,수

肅(聿/13) 엄숙할 숙
淑(水/11) 맑을,착할 숙
熟(火/15) 익을 숙
順(頁/12) 순할,차례 순
純(糸/10) 순수할 순
巡(巛/07) 돌(廻) 순
瞬(目/17) 눈깜짝일 순
循(彳/12) 돌(環) 순
馴(馬/13) 길들일 순
術(行/11) 재주 술
述(辶/09) 펼,말할,지을 술
崇(山/11) 높을 숭
習(羽/11) 익힐 습
濕(水/17) 젖을 습
拾(手/09) 주을,열(갖은) 습,십
襲(衣/22) 엄습할,이을 습
褶(衣/16) 주름 습
勝(力/12) 이길,나을 승
承(手/08) 이을 승
乘(丿/10) 탈 승
僧(人/14) 중 승
昇(日/08) 오를 승
市(巾/05) 저자,시장 시
時(日/10) 때 시
始(女/08) 비로소,처음 시
示(示/05) 보일 시
施(方/09) 베풀 시
是(日/09) 이,옳을 시
視(見/12) 볼 시
試(言/13) 시험할 시
詩(言/13) 시 시
食(食/09) 밥,먹을 식
植(木/12) 심을 식
式(弋/06) 법 식

識(言/19) 알 식
息(心/10) 쉴,자식 식
飾(食/14) 꾸밀 식
殖(歹/12) 불릴 식
蝕(虫/15) 좀먹을 식
信(亻/09) 믿을 신
新(斤/13) 새 신
神(示/10) 귀신 신
身(身/07) 몸 신
臣(臣/06) 신하 신
申(田/05) 납(원숭이) 신
愼(心/13) 삼갈 신
辰(辰/07) 때,별,용 신,진
伸(亻/07) 펼 신
呻(口/08) 읊조릴 신
娠(女/10) 아이밸 신
迅(辶/07) 빠를 신
室(宀/09) 집,방 실
失(大/05) 잃을 실
實(宀/14) 열매,참,실제 실
心(心/04) 마음,가운데 심
深(水/11) 깊을 심
審(宀/15) 살필 심

아

兒(儿/08) 아이 아
亞(二/08) 버금 아
阿(阜/08) 언덕,아첨할 아
雅(隹/12) 맑을,아름다울 아
衙(行/13) 관청 아
訝(言/11) 의심할 아
惡(心/12) 악할,미워할 악,오
握(手/12) 쥘 악
嶽(山/17) 큰산 악

安(宀/06) 편안할 안
案(木/10) 책상,안건,밥상 안
眼(目/11) 눈 안
岸(山/08) 언덕 안
鞍(革/15) 안장 안
暗(日/13) 어두울 암
巖(山/23) 바위 암
癌(疒/17) 암 암
壓(土/17) 누를 압
仰(人/06) 우러를 앙
殃(歹/09) 재앙 앙
愛(心/13) 사랑 애
哀(口/09) 슬플 애
碍(石/13) 거리낄 애
液(水/11) 진 액
額(頁/18) 이마,한도 액
夜(夕/08) 밤 야
野(里/11) 들 야
惹(心/13) 이끌 야
倻(人/11) 가야 야
弱(弓/10) 약할 약
藥(艹/19) 약 약
約(糸/09) 맺을 약
若(艹/09) 같을 약
躍(足/21) 뛸 약
洋(水/09) 큰바다,외국(서양) 양
陽(阜/12) 볕 양
養(食/15) 기를 양
樣(木/15) 모양 양
壤(土/20) 흙덩이 양
揚(手/12) 날릴 양
讓(言/24) 사양할 양
語(言/14) 말씀 어
漁(水/14) 고기잡을 어

魚(魚/11) 물고기 어
御(彳/11) 거느릴 어
禦(示/16) 막을 어
憶(心/16) 생각할 억
抑(手/07) 누를 억
言(言/07) 말씀 언
嚴(口/20) 엄할 엄
業(木/13) 업,일 업
如(女/06) 같을 여
餘(食/16) 남을 여
與(臼/14) 더불,줄 여
輿(車/17) 수레 여
逆(辶/10) 거스를 역
域(土/11) 지경 역
易(日/08) 바꿀,쉬울 역,이
亦(亠/06) 또 역
役(彳/07) 부릴 역
疫(疒/09) 전염병 역
譯(言/20) 번역할 역
然(火/12) 그럴 연
演(水/14) 펼 연
煙(火/13) 연기,안개 연
緣(糸/16) 인연 연
鉛(金/13) 납 연
宴(宀/10) 잔치 연
沿(水/08) 물따라갈 연
軟(車/11) 연할 연
硯(石/12) 벼루 연
熱(火/15) 더울 열
染(木/09) 물들 염
炎(火/09) 불꽃 염
鹽(鹵/24) 소금 염
葉(艹/13) 잎 엽
永(水/05) 길 영

찾아보기_179

英(艹/09) 꽃부리,빼어날 영
榮(木/14) 영화 영
映(日/09) 비칠,비출 영
營(火/17) 경영할,진지(陣地) 영
迎(辶/08) 맞이할,맞을 영
影(彡/15) 그림자 영
泳(水/09) 헤엄칠 영
藝(艹/19) 재주 예
豫(豕/16) 미리 예
譽(言/21) 기릴,명예 예
銳(金/15) 날카로울 예
五(二/04) 다섯 오
午(十/04) 낮 오
誤(言/14) 그르칠 오
悟(心/10) 깨달을 오
娛(女/10) 즐길 오
汚(水/06) 더러울 오
屋(尸/09) 집 옥
獄(犬/14) 옥(囚舍) 옥
沃(水/07) 기름질 옥
溫(水/13) 따뜻할 온
穩(火/19) 평안할 온
完(宀/07) 완전할 완
玩(玉/08) 즐길 완
王(玉/04) 임금 왕
往(彳/08) 갈 왕
旺(日/08) 왕성할 왕
歪(止/09) 기울 왜
倭(人/10) 왜나라 왜
外(夕/05) 바깥 외
要(襾/09) 요긴할,중요할 요
曜(日/18) 빛날 요
謠(言/17) 노래 요
妖(女/07) 요사할 요

擾(手/18) 시끄러울 요
饒(食/21) 넉넉할 요
浴(水/07) 목욕할 욕
慾(心/15) 욕심 욕
辱(辰/10) 욕될 욕
勇(力/09) 날랠 용
用(用/05) 쓸 용
容(宀/10) 얼굴,담을,받아들일 용
溶(水/13) 녹을 용
鎔(金/18) 쇠 녹일 용
踊(足/14) 뛸 용
右(口/05) 오른 우
友(又/04) 벗 우
牛(牛/04) 소 우
優(人/17) 넉넉할 우
遇(辶/13) 만날 우
郵(邑/11) 우편 우
偶(人/11) 짝 우
宇(宀/06) 집 우
憂(心/15) 근심 우
于(二/03) 어조사 우
運(辶/13) 옮길 운
韻(音/19) 운 운
隕(阜/13) 떨어질 운
鬱(鬯/29) 답답할 울
雄(隹/12) 수컷 웅
園(囗/13) 동산 원
遠(辶/14) 멀 원
元(儿/04) 으뜸 원
原(厂/10) 언덕,근원 원
院(阝/10) 집 원
願(頁/19) 원할 원
員(口/10) 인원 원
圓(囗/13) 둥글 원

怨(心/09) 원망할 원
援(手/12) 도울 원
源(手/13) 근원 원
月(月/04) 달 월
越(走/12) 넘을 월
偉(人/11) 클,위대할 위
位(人/07) 자리 위
爲(爫/12) 할,될 위
衛(行/15) 지킬 위
危(卩/06) 위태할 위
圍(囗/12) 에워쌀 위
委(女/08) 맡길 위
威(女/09) 위엄 위
慰(心/15) 위로할 위
僞(人/14) 거짓 위
胃(肉/09) 밥통 위
緯(糸/15) 씨 위
違(辶/13) 어긋날 위
有(月/06) 있을 유
油(水/08) 기름 유
由(田/05) 말미암을 유
乳(乙/08) 젖 유
儒(人/16) 선비 유
遊(辶/13) 놀 유
遺(辶/16) 남길 유
幼(幺/05) 어릴 유
悠(心/32) 멀 유
柔(木/09) 부드러울 유
維(糸/14) 벼리, 바(밧줄) 유
裕(衣/12) 넉넉할 유
誘(言/14) 꾈 유
唯(口/11) 오직 유
喩(口/12) 깨우칠 유
愉(心/12) 즐거울 유

癒(疒/18) 병나을 유
釉(釆/12) 유약 유
育(肉/08) 기를 육
肉(肉/06) 고기 육
潤(水/15) 불을,윤택할 윤
閏(門/12) 윤달 윤
絨(糸/12) 가는베 융
銀(金/14) 은,돈 은
恩(心/10) 은혜 은
隱(阜/17) 숨을,숨길 은
慇(心/14) 은근할 은
音(音/09) 소리 음
飮(食/13) 마실 음
陰(阜/11) 그늘 음
吟(口/07) 읊을 음
蔭(艹/15) 그늘 음
邑(邑/07) 고을 읍
應(心/17) 응할 응
凝(冫/16) 엉길 응
意(心/13) 뜻 의
衣(衣/06) 옷 의
醫(酉/18) 의원 의
義(羊/13) 옳을 의
議(言/20) 의논할 의
依(人/08) 의지할 의
儀(人/15) 거동 의
疑(疋/14) 의심할 의
宜(宀/08) 마땅할 의
擬(手/17) 비길 의
椅(木/12) 의나무 의
二(二/02) 두 이
以(人/05) 써 이
移(禾/11) 옮길 이
異(田/11) 다를 이

姨(女/09) 이모 이
益(皿/10) 더할 익
人(人/02) 사람 인
因(口/06) 인할 인
印(卩/06) 도장 인
引(弓/04) 끌 인
認(言/14) 알(知) 인
仁(人/04) 어질 인
忍(心/07) 참을 인
姻(女/09) 혼인 인
靭(革/12) 질길 인
一(一/01) 한,하나 일
日(日/04) 날,해 일
溢(水/13) 넘칠 일
任(人/06) 맡길 임
賃(貝/13) 품삯 임
入(入/02) 들 입

자

子(子/03) 아들,접미사,알 자
自(自/06) 스스로 자
字(子/06) 글자 자
者(老/09) 놈,사람, 자
姉(女/08) 손윗누이,누이 자
姿(女/09) 모양,맵시 자
資(貝/13) 재물 자
刺(刀/08) 찌를 자
慈(心/13) 사랑 자
紫(糸/12) 자줏빛 자
磁(石/14) 자석 자
仔(人/05) 자세할 자
瓷(瓦/11) 사기그릇 자
作(人/07) 지을 작
昨(日/09) 어제 작

酌(酉/10) 술 부을,잔질할 작
斫(斤/09) 쪼갤 작
殘(歹/12) 남을 잔
暫(日/15) 잠깐 잠
潛(水/15) 잠길 잠
雜(隹/18) 섞일 잡
長(長/08) 긴,우두머리,자랄,어른 장
場(土/12) 마당 장
章(立/11) 글 장
將(寸/11) 장수,장차 장
障(阜/14) 막을 장
壯(士/07) 장할,씩씩할 장
帳(巾/11) 장막,휘장 장
張(弓/11) 베풀 장
腸(肉/13) 창자 장
裝(衣/13) 꾸밀 장
獎(犬/15) 장려할 장
掌(手/12) 손바닥 장
粧(米/12) 단장할 장
臟(肉/22) 오장 장
莊(艹/11) 씩씩할,별장 장
藏(艹/18) 감출 장
匠(匚/06) 장인 장
欌(木/22) 장롱 장
才(手/03) 재주 재
在(土/06) 있을 재
材(木/07) 재목 재
財(貝/10) 재물 재
再(冂/06) 두 재
災(火/07) 재앙 재
栽(木/10) 심을 재
裁(衣/12) 옷마를,결정할 재
載(車/13) 실을 재
宰(宀/10) 재상 재

爭(爪/08) 다툴 쟁
錚(金/16) 쇳소리,징 쟁
貯(貝/12) 쌓을 저
低(人/07) 낮을 저
底(广/08) 밑 저
抵(手/08) 막을 저
著(艹/13) 나타날 저
的(白/08) 과녁 적
赤(赤/07) 붉을 적
敵(攴/15) 대적할 적
積(禾/16) 쌓을 적
籍(竹/20) 문서 적
績(糸/17) 길쌈 적
賊(貝/13) 도둑 적
適(辶/15) 맞을 적
寂(宀/11) 고요할 적
摘(手/14) 딸(手收) 적
笛(竹/11) 피리 적
跡(足/13) 발자취 적
蹟(足/18) 자취 적
滴(水/14) 물방울 적
迹(辶/10) 자취 적
全(入/06) 온전할 전
前(刀/09) 앞 전
電(雨/13) 번개,전기 전
戰(戈/16) 싸움 전
傳(人/13) 전할 전
典(八/08) 법,책 전
展(尸/10) 펼 전
田(田/05) 밭 전
專(寸/11) 오로지 전
轉(車/18) 구를,옮길 전
錢(金/16) 돈 전
殿(殳/13) 전각,대궐 전

鈿(金/13) 비녀,상감(象嵌)할 전
切(刀/04) 끊을 절
節(竹/15) 마디,계절,때 절
絶(糸/12) 끊을,빼어날 절
折(手/07) 꺾을 절
竊(穴/22) 훔칠 절
店(广/08) 가게 점
占(卜/05) 점칠,차지할 점
點(黑/17) 점 점
漸(水/14) 점점 점
粘(米/11) 끈끈할 점
接(手/11) 이을 접
正(止/05) 바를 정
庭(广/07) 뜰 정
定(宀/08) 정할 정
情(心/11) 뜻 정
停(人/11) 머무를 정
政(攴/09) 정사 정
程(禾/12) 한도,길 정
精(米/14) 정할,정세(精細) 정
丁(一/02) 고무래,장정 정
整(攴/16) 가지런할 정
靜(青/16) 고요할 정
亭(亠/09) 정자 정
廷(廴/07) 조정 정
征(彳/08) 칠 정
淨(水/11) 깨끗할 정
頂(頁/11) 정수리 정
訂(言/09) 바로잡을 정
偵(人/11) 염탐할 정
晶(日/12) 맑을,수정 정
鼎(鼎/13) 솥 정
弟(弓/07) 아우,제자 제
第(竹/11) 차례 제

題(頁/18) 제목 제
制(刂/08) 절제할,법도 제
提(手/12) 끌 제
濟(水/17) 건널,구제 제
祭(示/11) 제사 제
製(衣/14) 지을 제
除(阜/10) 덜,나눌 제
際(阜/14) 가,즈음 제
帝(巾/09) 임금 제
齊(齊/14) 가지런할 제
堤(土/12) 둑 제
劑(刀/16) 약제 제
祖(示/10) 조상,할아비 조
朝(月/12) 아침,조정 조
調(言/15) 고를 조
操(手/16) 잡을 조
助(力/07) 도울 조
造(辶/11) 지을 조
鳥(鳥/11) 새 조
條(木/11) 가지,조목 조
潮(水/15) 조수,밀물 조
組(糸/11) 짤 조
照(火/13) 비칠 조
弔(弓/30) 조상할 조
燥(火/17) 마를 조
彫(彡/11) 새길 조
措(手/11) 둘 조
祚(示/10) 복 조
曹(日/11) 무리,관청 조
槽(木/15) 통,구유 조
躁(足/20) 조급할 조
足(足/07) 발,족할,채울 족
族(方/11) 겨레 족
尊(寸/12) 높을 존

存(子/06) 있을 존
卒(十/08) 마칠,군사 졸
種(禾/14) 씨 종
終(糸/11) 마칠 종
宗(宀/08) 마루,사당 종
從(彳/11) 좇을 종
縱(糸/17) 세로 종
綜(糸/14) 모을 종
鐘=鍾(종) (金/20) 쇠북,종 종
左(工/05) 왼 좌
座(广/10) 자리 좌
罪(网/13) 허물,죄 죄
主(丶/05) 주인 주
住(人/07) 살 주
注(水/08) 부을 주
週(辵/12) 주일,돌 주
朱(木/06) 붉을 주
酒(酉/10) 술 주
奏(大/09) 아뢸,연주할 주
宙(宀/08) 집 주
珠(玉/10) 구슬 주
鑄(金/22) 쇠불릴 주
駐(馬/15) 머무를 주
呪(口/08) 빌 주
廚(广/15) 부엌 주
準(水/13) 준할,법도 준
遵(辵/16) 좇을 준
竣(立/12) 마칠 준
中(丨/04) 가운데 중
重(里/09) 무거울,거듭 중
衆(血/12) 무리 중
卽(卩/09) 곧 즉
增(土/15) 더할 증
證(言/19) 증거 증

症(疒/10) 증세 증
蒸(艹/14) 찔 증
地(土/06) 땅 지
紙(糸/10) 종이 지
知(矢/08) 알 지
止(止/04) 그칠 지
志(心/07) 뜻 지
指(手/09) 가리킬,손가락 지
支(支/04) 지탱할,가지 지
至(至/06) 이를 지
持(手/09) 가질 지
智(日/12) 슬기,지혜 지
誌(言/14) 기록할 지
之(丿/04) 갈,어조사 지
池(水/06) 못 지
遲(辵/16) 더딜,늦을 지
脂(肉/10) 기름 지
摯(手/15) 잡을 지
祉(示/09) 복 지
直(目/08) 곧을,번들(차례) 직
職(耳/18) 직분 직
稷(禾/15) 피 직
眞(目/10) 참 진
進(辵/12) 나아갈,들일 진
珍(玉/09) 보배 진
盡(皿/14) 다할 진
陣(阜/10) 진칠 진
振(手/10) 떨칠 진
鎭(金/18) 진압할 진
陳(阜/11) 베풀,묵을,말할 진
震(雨/15) 우레 진
津(水/09) 나루 진
診(言/12) 진찰할 진
疹(疒/10) 마마,홍역 진

質(貝/15) 바탕 질
疾(疒/10) 병,빠를 질
秩(禾/10) 차례 질
窒(穴/11) 막힐 질
跌(足/12) 거꾸러질 질
斟(斗/13) 짐작할 짐
集(隹/12) 모을 집
執(土/11) 잡을 집
輯(車/16) 모을 집
徵(彳/15) 부를,거둘 징

차

車(車/07) 수레 차,거
次(欠/06) 버금 차
茶(艹/10) 차 차,다
遮(辵/15) 가릴 차
蹉(足/17) 미끄러질 차
着(目/12) 붙을 착
錯(金/16) 어긋날 착
搾(手/13) 짤 착
讚(言/26) 기릴 찬
贊(貝/19) 도울 찬
燦(火/17) 빛날 찬
纂(糸/20) 모을 찬
饌(食/21) 반찬 찬
察(宀/14) 살필 찰
刹(刀/08) 절 찰
擦(手/17) 문지를 찰
參(厶/11) 참여할 참
慘(心/14) 참혹할 참
斬(斤/11) 벨 참
窓(穴/11) 창 창
唱(口/11) 부를 창
創(刀/12) 비롯할 창

倉(人/10) 곳집 창
蒼(艹/14) 푸를 창
暢(日/14) 화창할 창
猖(犬/11) 미쳐 날뛸 창
採(手/11) 캘 채
彩(彡/11) 채색 채
菜(艹/12) 나물 채
責(貝/11) 꾸짖을 책
冊(冂/05) 책 책
策(竹/12) 꾀 책
處(虍/11) 곳 처
悽(心/11) 슬퍼할 처
尺(尸/04) 자 척
戚(戈/11) 친척 척
拓(手/08) 넓힐,박을 척,탁
千(十/03) 일천 천
天(大/04) 하늘 천
川(巛/03) 내 천
泉(水/09) 샘 천
賤(貝/15) 천할 천
踐(足/15) 밟을 천
薦(艹/17) 천거할 천
喘(口/12) 헐떡일,숨찰 천
鐵(金/21) 쇠 철
哲(口/10) 밝을 철
徹(彳/15) 통할 철
撤(手/15) 거둘 철
尖(小/06) 뾰족할 첨
諂(言/15) 아첨할 첨
帖(巾/08) 문서 첩
捷(手/11) 빠를 첩
靑(靑/08) 푸를 청
淸(手/11) 맑을 청
請(言/15) 청할 청

廳(广/25) 관청 청
聽(耳/22) 들을 청
晴(日/12) 맑을 청
體(骨/23) 몸 체
滯(水/14) 막힐 체
替(日/12) 바꿀 체
逮(辵/12) 잡을 체
遞(辵/14) 갈릴 체
草(艹/10) 풀 초
初(刀/07) 처음 초
招(手/08) 부를 초
礎(石/18) 주춧돌 초
超(走/12) 뛰어넘을 초
抄(手/07) 뽑을 초
秒(禾/09) 분초 초
焦(灬/12) 탈(燥) 초
梢(木/11) 나무끝 초
礁(石/17) 암초 초
醋(酉/15) 초 초
促(人/09) 재촉할 촉
觸(角/20) 닿을 촉
寸(寸/03) 마디 촌
村(木/07) 마을 촌
總(糸/17) 다(皆),거느릴 총
銃(金/14) 총 총
聰(耳/17) 귀밝을 총
塚(土/13) 무덤 총
撮(扌/15) 사진찍을 촬
最(曰/12) 가장 최
催(人/13) 재촉할 최
秋(禾/09) 가을 추
推(手/11) 밀 추
追(辵/10) 쫓을,따를 추
墜(土/15) 떨어질 추

樞(木/15) 지도리 추
酋(酉/09) 우두머리 추
祝(示/10) 빌 축
築(竹/16) 쌓을,지을 축
蓄(艹/14) 모을,쌓을 축
畜(田/10) 짐승 축
蹴(足/19) 찰 축
軸(車/12) 굴대 축
春(日/09) 봄 춘
出(凵/05) 날(生) 출
充(儿/06) 채울,가득할 충
忠(心/08) 충성 충
蟲(虫/18) 벌레 충
衝(行/15) 찌를 충
取(又/08) 가질 취
就(尢/12) 나이갈 취
趣(走/15) 뜻,재미 취
醉(酉/15) 취할 취
臭(自/10) 냄새 취
測(水/12) 헤아릴,잴 측
側(人/11) 곁 측
層(尸/15) 층 층
致(至/10) 이를 치
治(水/08) 다스릴 치
置(网/13) 둘 치
齒(齒/15) 이 치
値(人/10) 값 치
恥(心/10) 부끄러울 치
稚(禾/13) 어릴 치
侈(人/08) 사치할 치
緻(糸/16) 빽빽할 치
則(刀/09) 법칙 칙
親(見/16) 친할 친
七(一/02) 일곱 칠

漆(水/14) 옻 칠
侵(人/09) 침노할 침
寢(宀/14) 잘,잠잘 침
針(金/10) 바늘 침
沈(水/07) 잠길,성(姓) 침,심
浸(水/10) 잠길 침
蟄(虫/17) 숨을 칩
稱(禾/14) 일컬을,부를 칭

카

快(心/07) 쾌할,빠를 쾌

타

他(人/05) 다를 타
打(扌/05) 칠 타
墮(土/15) 떨어질 타
妥(女/07) 온당할 타
卓(十/08) 높을,탁자 탁
濯(水/17) 씻을 탁
託(言/10) 부탁할 탁
炭(火/09) 숯 탄
彈(弓/15) 탄알 탄
歎(欠/15) 탄식할,칭찬할 탄
誕(言/14) 낳을 탄
坦(土/08) 평탄할 탄
脫(肉/11) 벗을 탈
奪(大/14) 빼앗을 탈
探(手/11) 찾을 탐
塔(土/13) 탑 탑
搭(手/13) 탈 탑
蕩(艹/16) 방탕할 탕
太(大/04) 클 태
態(心/14) 모습,태도 태
泰(水/10) 클 태

怠(心/09) 게으를 태
颱(風/14) 태풍 태
汰(水/07) 일(淘) 태
宅(宀/06) 집 택
擇(手/16) 가릴 택
澤(水/16) 못,윤택할 택
撑(手/15) 버틸 탱
土(土/03) 흙,땅 토
討(言/10) 칠,탐구할 토
通(辶/11) 통할 통
統(糸/12) 거느릴 통
痛(疒/12) 아플 통
筒(竹/12) 통(대롱) 통
退(辶/10) 물러날 퇴
堆(土/11) 쌓일 퇴
投(手/07) 던질 투
鬪(鬥/20) 싸움 투
透(辶/11) 사무칠 투
套(大/10) 씌울 투
特(牛/10) 특별할 특

파

波(水/08) 물결 파
破(石/10) 깨뜨릴 파
派(水/09) 갈래 파
把(手/07) 잡을 파
播(手/15) 뿌릴 파
琶(玉/12) 비파 파
板(木/08) 널 판
判(刀/07) 판단할 판
版(片/08) 판목 판
販(貝/12) 팔(賣) 판
八(八/02) 여덟 팔
敗(攵/11) 패할 패

悖(心/10) 거스를 패
牌(片/12) 패 패
便(人/09) 편할,똥오줌 편,변
偏(人/11) 치우칠 편
片(片/04) 조각 편
編(糸/15) 엮을 편
遍(辶/13) 두루 편
平(干/05) 평평할 평
評(言/12) 평할,평론할 평
閉(門/11) 닫을 폐
廢(广/15) 폐할,버릴 폐
幣(巾/15) 화폐 폐
包(勹/05) 쌀(裹감쌀 과) 포
布(巾/05) 베,보시 포,보
砲(石/10) 대포 포
胞(肉/09) 세포,태보 포
捕(手/10) 잡을 포
怖(心/08) 두려울 포
抛(手/07) 던질 포
鋪(金/15) 가게,펼 포
葡(艹/13) 포도 포
泡(水/08) 거품 포
袍(衣/10) 도포 포
暴(日/15) 사나울 폭,포
爆(火/19) 불터질,터질 폭
表(衣/08) 겉,나타낼,표 표
票(示/11) 표,표제 표
標(木/11) 표할 표
剽(刀/13) 겁박할,빠를 표
品(口/09) 물건,등급 품
風(風/09) 바람,풍속 풍
豊(豆/13) 풍년,풍성할 풍
楓(木/13) 단풍 풍
疲(疒/10) 피곤할 피

避(辵/17) 피할 피
皮(皮/05) 가죽 피
被(衣/10) 입을 피
披(手/08) 헤칠 피
必(心/05) 반드시 필
筆(竹/12) 붓 필

하

下(一/03) 아래 하
夏(夂/10) 여름 하
河(水/08) 물 하
何(人/07) 어찌 하
賀(貝/12) 하례할 하
學(子/16) 배울 학
韓(韋/17) 한국,나라 한
漢(水/14) 한수,한나라 한
寒(宀/12) 찰 한
限(阜/09) 한할,한정할 한
閑(門/12) 한가할 한
割(刀/12) 벨 할
含(口/07) 머금을 함
陷(阜/11) 빠질 함
艦(舟/20) 큰 배 함
函(凵/08) 함 함
銜(金/14) 재갈,직함 함
合(口/06) 합할 합
港(水/12) 항구 항
航(舟/10) 배,건널,날 항
抗(水/07) 겨룰 항
恒(心/09) 항상 항
項(頁/12) 항목 항
海(水/07) 바다 해
害(宀/10) 해할 해
解(角/13) 풀 해

該(言/13) 마땅 해
駭(馬/16) 놀랄 해
骸(骨/16) 뼈 해
核(木/10) 씨 핵
幸(干/08) 다행 행
行(行/06) 다닐,행할 행
向(口/06) 향할 향
鄕(邑/13) 시골 향
香(向/09) 향기 향
響(音/22) 울릴 향
許(言/11) 허락할 허
虛(虍/12) 빌 허
墟(土/15) 빈터 허
憲(心/16) 법 헌
獻(犬/20) 드릴 헌
驗(馬/23) 시험할,시험 험
險(阜/16) 험할 험
革(革/09) 가죽 혁
現(玉/11) 나타날 현
賢(貝/15) 어질 현
顯(頁/23) 나타날 현
玄(玄/05) 검을 현
弦(弓/08) 시위 현
眩(目/10) 어지러울 현
血(血/06) 피 혈
穴(穴/05) 굴 혈
嫌(女/13) 싫어할 혐
協(十/08) 화할,도울 협
脅(肉/10) 위협할 협
形(彡/07) 모양,형상 형
刑(刀/06) 형벌 형
衡(行/16) 저울대 형
型(土/09) 모형 형
惠(心/12) 은혜 혜

慧(心/15) 슬기로울 혜
號(虍/13) 이름 호
湖(水/12) 호수 호
呼(口/08) 부를,숨내쉴 호
好(女/06) 좋을 호
護(言/21) 도울,보호할 호
胡(肉/09) 되(狄적),오랑캐 호
豪(豕/14) 호걸 호
乎(丿/05) 어조사 호
互(二/04) 서로 호
毫(毛/11) 터럭 호
弧(弓/08) 활 호
琥(玉/10) 호박(琥珀) 호
瑚(玉/13) 산호 호
壺(士/12) 병 호
或(戈/08) 혹,혹시 혹
惑(心/12) 미혹할 혹
酷(酉/14) 심할 혹
婚(女/11) 혼인할 혼
混(水/11) 섞을 혼
魂(鬼/14) 넋 혼
昏(日/08) 저물 혼
渾(水/12) 흐릴 혼
忽(心/08) 갑자기 홀
惚(心/11) 황홀할 홀
紅(糸/09) 붉을 홍
洪(水/09) 넓을 홍
弘(弓/05) 클 홍
火(火/04) 불 화
話(言/13) 말씀 화
花(艹/08) 꽃 화
和(口/08) 화할 화
畵(田/12) 그림 화
化(匕/04) 될 화

貨(貝/11) 재물,재화 화
華(艹/11) 빛날,꽃 화
靴(革/13) 신 화
確(石/15) 굳을,확실할 확
擴(手/18) 넓힐 확
穫(禾/19) 거둘 확
患(心/11) 근심 환
歡(欠/22) 기쁠 환
環(玉/17) 고리 환
換(扌/12) 바꿀 환
還(辶/17) 돌아올 환
喚(口/12) 부를 환
活(水/09) 살 활
滑(水/13) 미끄러울 활
闊(門/17) 넓을 활
黃(黃/12) 누를 황
況(水/08) 상황,하물며 황
皇(白/09) 임금 황
荒(艹/10) 거칠 황
恍(心/09) 황홀할 황
惶(心/12) 두려울 황
慌(忄/13) 어리둥절할 황
遑(辶/13) 급할,허둥거릴 황
會(曰/13) 모일 회
回(口/06) 돌아올 회
灰(火/06) 재 회
悔(心/10) 뉘우칠 회
劃(刀/14) 그을 획
橫(木/16) 가로 횡
孝(子/07) 효도 효
效(攴/10) 본받을 효
酵(酉/14) 삭일 효
後(彳/09) 뒤 후
候(人/10) 기후 후

訓(言/10) 가르칠 훈
勳(力/16) 공(功) 훈
毀(殳/13) 헐 훼
揮(手/12) 휘두를 휘
休(人/06) 쉴 휴
携(手/13) 이끌 휴
凶(凵/04) 흉할 흉
黑(黑/12) 검을 흑
痕(疒/11) 흔적,흉터 흔
吸(口/07) 마실,숨들이쉴 흡
興(臼/16) 일(盛),흥할 흥
希(巾/07) 바랄 희
稀(禾/12) 드물 희
戲(戈/16) 놀이 희
犧(牛/20) 희생 희

추가한자(49字)

甘(甘/5) 달 감
個(人/10) 낱 개
犬(犬/4) 개 견
牽(牛/11) 이끌 견
徑(彳/10) 지름길,길 경
戒(戈/4) 경계할 계
九(乙/2) 아홉 구
郡(阝/10) 고을 군
卷(卩/8) 책 권
怒(心/9) 성낼 노
刀(刀/2) 칼 도
訪(言/11) 찾을 방
鼻(鼻/14) 코 비
仕(人/5) 섬길,벼슬 사
億(人/15) 억 억
雲(雨/12) 구름 운
玉(玉/5) 구슬 옥

欲(欠/11) 하고자할 욕
耳(耳/6) 귀 이
笑(竹/10) 웃음 소
愁(心/13) 근심 수
央(大/5) 가운데 앙
羊(羊/6) 양 양
驛(馬/23) 역 역
井(二/4) 우물 정
貞(貝/9) 곧을 정
早(日/6) 이를 조
坐(土/7) 앉을 좌
晝(日/11) 낮 주
州(川/6) 고을 주
洲(水/9) 물가 주
舟(舟/6) 배 주
竹(竹/6) 대 죽
姪(女/9) 조카 질
懲(心/19) 징계할 징
捉(手/10) 잡을 착
妻(女/8) 아내 처
淺(水/11) 얕을 천
濁(水/16) 흐릴 탁
湯(水/12) 끓일 탕
篇(竹/15) 책 편
肺(月/8) 허파 폐
浦(水/10) 개 포
荷(艹/11) 멜 하
恨(心/9) 한,한할 한
戶(戶/4) 집 호
虎(虍/8) 범 호
禍(示/14) 재앙 화
喜(口/12) 기쁠 희

十看不如一讀
(십간불여일독)이요.

열 번 눈으로 보기만 하는 것은 한 번 소리 내어 읽는 것만 못하고

十讀不如一書
(십독불여일서)이다.

열 번 소리 내어 읽는 것은 한 번 정성들여 쓰는 것만 못하다

常携字書勝於師

상휴자서승어사 항상 사전을 소지하고 다니는 것이 스승보다 낫다.